우리는
감정노동자
입니다

글   (사단법인) **사람과평화 감정노동상담연구회**
　　　곽유주·김복희·김선영·박현자·손지아·안성희
　　　양혜경·이영미·정우영·정태숙·최현기

그림 정보영

우리는
감정노동자
입니다

1판 1쇄 인쇄 2023년 11월 10일 ❙ **1판 1쇄 발행** 2023년 11월 15일
지은이 사)사람과평화 감정노동상담연구회 ❙ **펴낸이** 양기원 ❙ **펴낸곳** 학민사
출판등록 제10-142호, 1978년 3월 22일 ❙ **주소** 서울시 마포구 토정로 222 한국출판콘텐츠센터 314호(☎ 04091)
전화 02-3143-3326~7 ❙ **팩스** 02-3143-3328 ❙ **홈페이지** www.hakminsa.co.kr ❙ **이메일** hakminsa@hakminsa.co.kr

ISBN   978-89-7193-266-7 (03330), Printed in Korea　　ⓒ 사)사람과평화 감정노동상담연구회

우리는
감정노동자
입니다

글 ● (사)사람과평화 감정노동상담연구회   양해경 · 정우영 외

그림 ● 정보영

학민사
Hakmin Publishers

아무도 가지 않았던
길을 찾아서

양해경
사람과평화 대표

감정노동이란 자신의 실제 감정과는 무관하게 다른 감정을 표현하도록 요구되는 노동을 말한다.

손님은 왕이다!
요즘은 들어 보기 어려운 표현이다.
그럼에도 불구하고 여전히 무례한 고객 때문에 감정노동을 강요당하는 근로자들은 줄어들지 않고 있다.

이 책은 '사람과평화' 감정노동 전문 상담사들이 감정노동자들의 심리치유를 위해 진행된 상담의 현장 스토리이다.

감정노동자들이 감정노동 전문 상담사들에게 자신들의 이야기를 털어 놓은 시간은 2020년부터 년간 2천 시간 총 1,000여명에 달한다. 지금도 계속 만나고 있다.

이들은 멀리 있는 사람들이 아니고 바로 나의 옆집, 나의 가족, 나의 친구들이다. 이들의 이야기를 우리들만 알고, 개개인의 심리치유로만 그치기에는 다소 아쉬웠다. 이들의 이야기를 우리 사회가 함께 공유하고, 이들의 아픔을 파악해주는 것만으로도 감정노동자들의 심리치유에 작은 보탬이 될 수 있기를 바라며 책으로 펴내게 되었다.

누구나 흔히 이용하는 음식점의 예를 들어보자.

서양에서는 이미 상식으로 자리 잡았지만, 이제 우리나라도 식당같은 경우, 고급식당일수록 더욱 자기가 이용할 테이블을 자기 마음대로 택하지 못한다. 곧 특별한 사정이 없는 한 식당주인(또는 그를 대신하는 종업원)이 지정한 테이블로 가야 한다. 창가가 좋다고, 실내장식이 아름답다고 특정한 자리에 불쑥 가서 앉지 못한다. 식사예절을 바로 알고 있는 고객이라면 그렇다는 말이다.

이런 식당일수록 식당 주인이 '갑'이다. 고객은 '을'로서 주인인 '갑'이 정한 시스템과 매뉴얼대로 행동해야 한다. 왜? 당신은 내가 준비하는 음식을 먹고 싶어 이 식당에 왔으니, 당신은 '을'이고 주인인 내가 '갑'이라는 것이다.

다소 비약된 사례라고 생각할 수 있지만, 갑과 을의 개념을 이렇게 정확히 규정하면, 당연히 그에 따른 갑과 을의 행동양식이 공정해질 것이고, 따라서 서로를 대하는 태도가 평등해 질 수 있는 것이다.

감정노동이란 이런 것이다. 갑과 을의 평등!

갑과 을은 이렇게 되어야 한다. 이를 위해 세상의 '갑'과 '을'들의 심리치유를 진행하였다. 그리고 이들의 이야기를 세상에 알린다.

다만, 상담의 형식을 빌었기에 이들의 현장에서 전개된 상황이나 개인정보들이 표현될 수 있음에 유의하였다. 상담에서 소환된 내용의 본질을 훼손하지 않는 범위 안에서 다소 재정리했다. 그리고 가능하면 여러 내담자들의 공통적인 이야기이면서도 특별하게 우리 사회가 빼놓지 않고 공유해야 할 내용들을 중심으로 서술하였다.

이 책의 필자들은 전문적인 작가도 아니고, 글을 써본 특별한 경험도 많지 않다. 더욱이 글 내용 중의 법률적인 부분은 전문성에서 부족하고, 다소 부적절한 표현도 있을 수 있어 오해받을 소지가 있다. 최대한 전문가의 검토를 받았지만, 만에 하나 이런 부분이 있더라도 오해 없이 읽어주기를 부탁드린다.

그러나 상담을 진행하는 데 있어서는 누구보다 열성적이었다. 이들은 2019년 '사람과평화'가 진행한 '감정노동자 권리보호를 위한 전문인력 양성 워크숍'을 수료하였다. 더불어 이들은 인권, 성평등 등 각 영역에서 심리상담과 교육을 진행한 전문상담원들이다.

2019년부터 머리를 맞대고 감정노동자에 대한 공부를 하였다. 2020년에는 산업안전법 등 관련 법률과 사회적 시스템을 익혀 이들에 대한 고객의 '갑질'을 눈치 채고 심리치유를 위한 상담 매뉴얼을 만들기 시작했다.

이 과정은 그야말로 '맨땅에 헤딩'이었다. '감정노동'이라는 단어도 생소할 뿐 아니라, 감정노동자들을 위한 심리치유 과정 등이 연구된 바가 거의 없기 때문에 자료도 없었다.

30년 가까이 젠더폭력 피해자들을 상담하고 지원하고 사회복지 시스템으로 제도화하기까지 노력했던 경험과 노하우를 모아내어 상담 매뉴얼을 만들고, 이를 적용하여 상담의 전문성을 확보해나가기 시작하였다.

그러나 젠더폭력 피해상담이나 가족상담 등에 대해서는 전문성을 갖추었지만, 감정노동 심리치유 등의 영역은 다소 생소한 부문이었다. 그 어려움을 극복하기 위해 서로가 서로를 격려해 가면서 2년여 동안, 시간으로는 4천여 시간 가까이 상담을 진행하였다.

이들의 이야기를 모아 책으로 엮기까지는 주저함도 있었다. 감정노동 상담을 의뢰하였던 내담자들이 불편해하지는 않을까. 만에 하나 사업주가 이 책에 실린 내용을 보고 자신을 알아보고 문제 삼지는 않을까. 내담자 입장에서 벌어질 수 있는 이런저런 사태도 예측해 보았다.

그러나 막상 그동안의 상담 내용을 정리하여 원고 작성하고, 그것을 서로 돌려보아 가며 수정 보완해보니, 염려하던 걱정 대신 감정노동자들에게 도움이 될 수 있겠다는 자신감이 생겨 마음에 뿌듯함도 더해졌다.

오히려 이 책을 감정노동자들이 읽어보면서, "어? 이거 바로 나의 이야기이네!"라고 생각할 수 있겠다고 여겨졌다. 그만큼 감정노동의 여러 영역에서 개개인이 겪는 사례는 모두가 겪는 거의 비슷비슷한 내용들이다.

이 책은 실제로 상담을 진행한 내용을 중심으로 집필하였기 때문에 일일이 글쓴이를 명시하지는 않았다. 그것은 이 책에 수록된 사례의 내용에 대하여 글쓴이 모두가 공동으로 책임을 진다는 의미이기도 하다.

그러나 처음에 생각한 것보다 많이 부족하다. 책의 컨셉을 상담사례로 드러낼까, 수필형식으로 써야 하나, 아니면 사회문제를 드러내는 문서형식으로 하는 것이 맞지 않나, 고민이 많았다. 누구도 가보지 않은 길을 가다보니 처할 수밖에 없는 고민이었다고 변명하고 싶다.

바라는 것은, 이 책을 읽은 감정노동자들이 조금이라도 위로를 받고, 갑과 을이 서로 평등해지고, 그래서 모두가 행복한 세상이 되는데 보탬이 되는 것이다.

이 책이 나오기까지는 감정노동자 상담·치유사업에 함께 해주신 한국인성심리상담협회 선생님들, 그리고 그 무더운 여름에 원고를 쓰느라 고생한 '사람과평화' 상담전문 선생님들의 노고에 깊은 감사를 드린다.

감정노동자 상담·치유활동은 '사람과평화'의 감정노동 상담연구회가 최초로 제안하였지만, 그것이 실행으로 옮겨진 데에는 깨어있는 주위 분들의 도움 덕분이었다. 우리 사회의 수많은 감정노동자들이 아픔과 치유의 경험을 공유할 수 있도록 책자 발간을 도와주신 모든 분들께 진심으로 감사드린다.

2023년   가을

우리, 치유와 회복의 방법을
함께 찾아보아요

정우영

사람과평화 이사
감정노동상담연구회 고문

"힘든 환경에서도 잘 살아보려고 애쓰는 마음을 세상이 알아주기 바랐는데, 그렇게 아프고 외로웠군요." 감정노동 전문상담사의 이 한마디에 감정노동자의 얼굴이 밝아진다. "우리, 치유와 회복의 방법을 같이 찾아보아요."라는 상담사의 말에 감정노동자는 감동과 감사의 눈물을 비치기도 한다. 이 장면은 감정노동상담 현장에서 일어나는 역동이다.

2019년 '사람과평화'에서 진행한 감정노동자 권리보호를 위한 전문인력 워크숍에서 감정노동 전문상담사 자격을 갖춘 후, 2020년 감정노동상담을 시작하면서 상담사들은 난감했다. 일반 심리상담을 위한 상담매뉴얼은 많이 있지만 감정노동상담을 할 수 있는 매뉴얼은 존재하지 않았기 때문이다. 유사한 매뉴얼이 있다면 감정노동자 보호매뉴얼 정도였다. 이에 '사람과평화'에서는 전문적인 감정노동상담을 위한 '상담매뉴얼'을 제작하고 보급하기에 이르렀고, 감정노동 전문상담사가 그 매뉴얼을 상담과정에 적용하면서 상담할 수 있도록 지원하였다.

이 매뉴얼을 바탕으로 여러 직종의 감정노동자를 상담하면서 '감정노동이란 직업상 자신의 감정을 억누르고 정해진 감정표현을 연기하는 일을 말한다.'라는 개념적 정의를 실감하였다. 고객을 응대하면서 어떤 상황에서도 친절함을 드러내야 하는 서비스직뿐만 아니라 돌봄업무, 민원업무, 인권복지업무를 하는 노동자들과 일반 직장인들에게도 인간관계나 권력관계로 인한 감정노동에 시달리는 경우도 많음을 알게 되었다.

이렇게 다양한 직종에서 일하는 감정노동자의 욕구에 맞는 전문적인 상담을 하기 위해 '사람과평화' 소속 감정노동 전문상담사들은 '감정노동상담연구회'를 발족했다. 이곳에서 상담사례를 중심으로 스터디와 연구 활동을 꾸준히 지속해 왔다.

이 책은 감정노동상담을 위한 '상담매뉴얼'을 바탕으로 상담을 전개하고 감정노동 전문상담사들의 연구와 소통의 자리인 '감정노동상담연구회'에서 연구한 약 4천여 건의 상담사례를 정리한 소중한 자료이다.

상담심리학에서는 "상담사례란 상담에 의한 내담자의 호소문제와 상담목표를 기술하고 사용된 이론이나 전략 및 기법을 설명하며 상담과정과 결과를 제시하는 것"이라고 말한다. 그러나 이 책에서는 상담사례를 그 기준에 맞출 수가 없었다. 내담자인 감정노동자의 '개인정보보호'가 더 중요하기 때문이다. 사례를 일반화시켰으며, 전문적인 용어를 배제하고 읽는 독자가 이해하기 쉬운 용어와 문구를 사용하였다.

2020년부터 시작된 상담사례를 통해, 심한 격무와 스트레스로 주저앉고 싶어 했던 감정노동자들이 상담을 받고 치유되어 고객과 조직을 다시 돌아볼 수 있는 힘이 생기게 되었고, 그들과 소통하는 방법을 터득하게 되었음을 알 수 있었다. 그리고 상담과정을 통한 감정노동 전문상담사 스스로의 변화와 성장도 확인할 수 있었다.

감정노동상담사들의 노고로 만들어진 이 책의 발간으로 글을 읽는 독자들이 바로 이웃에 같이 살아가고 있는 감정노동자들에 대한 이해의 폭을 넓히는 계기가 되고, 감정노동상담이 나아갈 방향을 제시하는 길라잡이가 되기 바란다.

마지막으로 이 시간에도 묵묵히 개인상담과 집단상담을 전개하고 있는 감정노동 전문상담사들에게 감사의 마음을 전한다.

2023년　가을

"우리는 감정 쓰레기통이 아닙니다."

민원콜센터 상담원

"우리는 감정 쓰레기통이 아닙니다."

민원콜센터 상담원의 감정노동 스토리

"친절, 완결율, 시간을 강요합니다."

"한 통화 1분 30초가 생명입니다.
하루 200통화 합니다."

"고객이 컴플레인 해서 길어지면 잘립니다."

"화장실은 오전 한번, 오후 한번 갑니다."

"오줌보가 빵빵합니다. 나는 욕받이 입니다."

"많이 불편하셨겠습니다! 많이 불편하셨겠습니다!"

우리는 콜센터 상담원의 업무를 어떻게 알고 있을까?

『한국직업사전』은, "고졸 정도의 교육수준을 가진 자가 1~3개월간 직무수행을 위한 숙련기간을 거쳐 콜센터에서 전화와 인터넷으로 접수된 고객서비스 안내, 텔레뱅킹, 고객 상담, 텔레마케팅 등을 수행한다."고 소개하고 있다. 또한 이는 '아주 가벼운 작업'이라고 소개되어 있다.

사전의 소개처럼 콜센터 상담원들은 짧은 교육기간을 거치면 누구나 수행해 낼 수 있는 '아주 가벼운' 업무를 수행하고 있을까? 그들은 고객의 감정의 쓰레기통이 될 수도 있다는 것까지 교육과정에서 배울 수 있었을까?

F씨는 '갑질 고객'과의 상담 경험으로 인해 '빨간 불'이 켜지는 '주의 고객'에게서 콜이 오면, 전화를 받기도 전에 가슴이 두근거리고 어깨가 딱딱해지며, 이마에서 진땀이 난다. 그 날도 '주의 고객'으로부터 전화가 걸려 왔다. 그는 상담 전에 심호흡을 하고는 두근거리는 가슴을 억지로 진정시키며 '주의 고객'의 심기를 건드리지 않으려고 조심하며 전화를 받았다.

그 고객의 불만토로는 욕설로 시작해서 욕설로 마무리가 되지만, 상담 시간 동안 절대로 두 번 이상 욕설을 뱉지는 않는다. 세 번 욕설을 하게 되면 상담원이 전화를 끊을 수 있다는 것을 알고 있기 때문이다. 그래서 그는 두 번의 욕설에 비아냥거림과 빈정거림을 섞는다.

그런 때는 고객의 폭언에 몸과 마음이 다 녹아내리는 것 같다. 어디론가 숨을 수 있다면 숨어버리고, 도망칠 수 있다면 도망치고 싶었으나, 내가 이 콜을 마무리하지 않으면 옆자리의 동료가 같은 일을 겪을 것이기에 눈을 질끈 감고 상담을 마쳤다.

좀처럼 연차를 내지 않는 F씨지만 그 날은 팀장에게 얘기하고 연차를 얻어 다음 날 하루 쉬고 출근하였다. 그러나 출근하여 자리에 앉자 다시 '주의 고객'과의 일이 떠올라 콜을 받지 못 할 것 같은 두려움과 걱정이 밀려왔다. 그 걱정은 현실이 되었다. 전화벨이 울려도 두려움으로 인해 받을 수 없는 상황이 생겼다. 그리고 그 횟수는 점점 잦아졌다.

그렇게 되니 나의 콜을 동료들이 소화해야 했다. 그것은 나의 몫을 동료들이 해내야 하는 셈이 되어 동료들 한 사람, 한 사람이 감당해야 하는 콜 수를 늘리는 일이 되었다. 그러자 실적도 자연히 다른 팀에 비해 낮은 결과로 나타났다. 동료들에게 너무나 미안했다. 쉬는 시간에 얼굴을 마주하기도 어려워졌다.

‘내가 왜 이러지? 이런 일이 한두 번도 아닌데…’ 하는 생각에 내 자신도 답답하게 느껴졌다. ‘하루 이틀 쉬면 좋아지겠지…’라고 생각하였으나, 결국 식욕감퇴와 불면증에 시달리게 되었고, 고민 끝에 장기연차를 내고 쉬다가 결국에는 퇴직을 하였다. 일에서 발생되는 스트레스를 견디지 못하고 회사를 그만두는 나 자신이 실망스럽고 심한 자괴감에 괴로웠다.

　하루 이틀 일이 아닌데, 왜 그냥 넘기지 못했을까, 하는 생각이 나를 힘들게 하였지만, 무엇보다 참지 못한 것은 회사의 태도였다. 회사는 상담원보다는 고객의 입장을 이해해고 우선해야 하기 때문에 나는 회사로부터 제대로 보호를 받지 못했다. 이것이 나를 매우 힘들게 했다. 회사를 대신하여 고객과 대응하고 있는데, 내가 힘들 때 회사의 도움을 받을 수 없다니…절망적이었다.

　처음 만난 F씨는 겉으로 보기에도 굉장히 무기력해 보였다. 스스로도 매사에 의욕이 없다고 말했다. 상담을 몇 차례 진행하면서 같은 상황이 반복되어 신경정신과 치료를 병행했으면 좋겠다는 의견을 전하였더니 신경정신과는 가고 싶지 않다고 하며 지금과 같이 상담을 지속적으로 받아보고 싶다고 말했다. 상담을 여러 번 받아보고도 변화가 없으면, 신경정신과에 가볼 생각이라고도 했다.

퇴직 후에도 직장에 대한 미련이 남아 있었으나, 한편으로 업무상 발생하는 고객과의 갈등을 생각하면 돌아가고 싶어도 돌아가기 쉽지 않다고 말하는 F씨는 여전히 예전의 업무에서 받은 스트레스에서 자유롭지 못하였다.

상담과정에서 우선 내담자와 함께 대상에 따른 감정과 욕구를 찾아보았다. 나, 고객, 회사 각각의 감정과 욕구를 찾아보며 해결하고 싶은 갈등의 순위를 매겨보았다. 순위에 따른 갈등을 유연하게 해결하고, 또는 앞으로 비슷한 갈등이 생길 때 해결할 수 있는 의사소통에 대해 설명하고 연습해 보았다.

당시의 F씨는 자신의 어려움에만 몰입되어 있어, 고객이나 회사의 감정, 욕구 따위는 깊이 생각해 보지 못했다고 했다. 그러나 상담을 통해 고객과 회사의 입장을 이해해보는 시간을 가져보니 오히려 자신의 마음이 조금 편안해 지는 느낌이라고 했다.

콜센터 상담원들은 업무의 특성상 매일 감정노동을 수행하고 있다. 그러나 제대로 휴식시간도 보장받지 못한 채 업무를 진행하고 있다. 물론 노동현장에 따라 업무 중간 중간 쉬는 시간이 정해져 있지만, 그 휴식시간을 제대로 지키며 일하는 현장은 매우 드물다고 한다.

요즘에는 콜센터 상담원에 대한 인식이 많이 개선되어 인격적으로 대해 주는 고객들도 늘어났다고는 하지만, 흔히 말하는 '갑질 고객'은 여전히! 매일! 존재한다고 한다.

콜센터 상담원들은 고객들의 감정찌꺼기를 비워내지 못한 채 오늘도 노동현장에서 버텨내고 있다. 이들은 진한 감정노동을 하는 집단이다. 랜선을 타고 흘러오는 고객들의 '갑질'을 온몸으로 막아내고 있다.

회사가 고객들의 정당한 요구에 대해서는 친절히 응대하고, 무리한 요구에 대해서는 당당히 거부할 수 있는 분위기를 만들 수 있을 것이라고 생각한다. 그것은 장기적으로 볼 때 회사를 더 건강하게 만드는 방법이기도 하다. 고객 개인의 인식개선은 물론이고, 회사의 콜센터 직원에 대한 인식개선과 더불어 안전한 노동현장 수립이 반드시 필요하다고 생각한다.

"그럼에도 불구하고
미소로 일한다."

카페매니저

"그럼에도 불구하고 미소로 일한다."

카페매니저의 감정노동 스토리

"밝은 웃음 뒤, 멍든 가슴…"
"스! 마! 일! 스쳐도 스마일~ 마주쳐도 스마일~
일부러 스마일~"
"서! 비! 스! 서럽고, 비위 상해도, 스마일~ 스마일~"
"얼굴 근육이 아플 정도로 웃습니다."
"내가 가진 직업병은
하지정맥류, 족저근막염, 무지외반증!"

"그럼에도 불구하고 미소로 일한다." [카페매니저]

카페매니저를 검색해 보면, '카페나 커피숍 따위에서 업무의 총괄적인 책임을 맡은 사람을 뜻한다'라고 되어 있다. 이렇게 카페매니저는 카페의 모든 일을 책임지는 역할을 하는 사람이다. 카페 매니저가 하는 일을 세부적으로 분류하면 다음과 같다.(3년차 카페매니저와의 인터뷰)

첫째, 청소 업무이다. 집안 구석구석 청소하듯이 카페 내 모든 곳을 청소해야 하고, 커피머신 등 기구 청소도 해야 한다.

둘째, 음료 및 베이커리 제조이다. 여기서 가장 중요한 것은 레시피 숙지이다. 레시피 중에 하나라도 빼먹거나 다른 재료를 추가해서 만든다면 전혀 다른 맛이 나거나 맛이 없어지기 때문이다.

셋째, 파트타이머 교육이다. 어떻게 포스를 봐야 하는지, 홀은 어떤 방식으로 돌아야 하는지를 알려주어야 한다. 인사나 서비스가 안 좋은 파트타이머 같은 경우에는 서비스에 대한 교육도 진행해야 한다.

넷째, 재고관리이다. 매장에서 사용되는 식료품 및 소모품의 재고를 파악하고 발주를 넣어준다.

다섯째, 물류 정리이다. 매장에서 사용하는 제품들은 이틀에 한번 들어오는데, 실온보관은 실온에, 냉장보관은 냉장실에, 그리고 냉동보관은 냉동고에 적재시켜 주어야 한다.

여섯째, 유통기한이 임박한 제품의 관리 및 위생 관리이다. 월 단위, 주 단위로 체크해서 유통기한이 임박한 제품을 분류하고 관리해야 한다. 위생관리는 식약처의 위생 점검 대비는 물론 개인위생도 점검한다. 매니큐어를 발라도 안 되고, 손톱도 짧게 잘라야 되는 것이 기본이다.

이렇게 카페매니저가 하는 일은 다양하다. 카페의 모든 살림을 맡아서 하는 것이다.

카페매니저 A씨는 업무시간 내내 서서 일한다. 하루에도 수십 명의 다양한 고객을 대상으로 하기 때문에 감정적, 신체적으로 에너지 소진이 많다.

하루 내내 서서 일하기 때문에 다리며, 허리가 너무 아프고, 종아리는 항상 부어 있는 상태다. 고객들이 메뉴를 주문할 때, 확인 차원에서 다시 반복하여 되묻는 일을 수없이 반복하다보니 목도 많이 상하게 되고, 그래서 평소에도 통증을 많이 느낀다고 한다.

그러나 가장 힘든 일은 '진상고객' 관리이다. 어떤 고객은 여러 가지 메뉴를 주문하고는, 메뉴가 다 완성된 상태에서 주문을 취소하거나 주문한 여러 가지 메뉴 중에서 몇 가지를 다른 메뉴로 바꾸겠다고 하여 난감하게 한다. 그런데 그것도 나의 잘못으로 처리되는 경우가 있고, 때로는 이것으로 경고를 받기도 한다.

음료를 주문하는 일부 고객은 반말을 사용하기도 한다. 고객이 반말을 할 때는 '존댓말을 부탁드립니다'라고 요청하고 싶은 마음이 가득하지만, 생각만 하고 참는다고 한다. 또 어떤 고객은 음료나 차를 주문하고는 결재 시에 '이 카페는 왜 이렇게 메뉴가 비싸냐?'며 거친 말을 할 때도 있다. 속상하지만 그래도 미소를 잃지 않고 참는다. 이러한 일이 일상적으로 반복되다 보니, 그는 늘 스트레스가 쌓이고, 피로감이 느껴지며, 기분이 가라앉는다고 한다.

'외부음식 반입을 금지 합니다'라는 안내문이 있음에도 불구하고, 치킨 등을 포장해 가지고와서 먹는 경우도 있다. '외부음식 반입이 안 되니 자제해 주세요'라고 요청하면 '알고 있는데, 이번만 봐줘'라고 짜증 섞인 말을 해 난감할 때가 자주 있다.

종종 손님들 중 다짜고짜 바쁘다거나 시간이 없다며 '빨리빨리 서둘러서 해 줘요'라거나, '내 것 먼저 해 달라'는 식으로 주문할 때는 정말 난감하다. '주문한 순번대로 나오니 기다려 주세요'라고 하면 '무슨 일을 이런 식으로 하냐?', '이런 것도 빨리빨리 못할 거면서 왜 이런 일을 하냐?'며 비아냥거릴 때는 정말 창피하고 당황스럽기도 하다. 그리고 '내가 일을 못하고 있는 건가?'라는 의문이 들기도 하고, '내가 이 일을 계속하는 것이 맞는가?'라는 생각이 들 때도 있다고 한다.

A씨는 업무 중에는 절대 앉으면 안 되고, 계속 몇 시간씩 서 있어야 한다. 고객이 뜸할 때라도 창문을 닦는다든지, 바닥청소, 매장 정리정돈 등등 계속 일을 찾아서 한다. 가만히 있으면 눈치가 보이고 마음이 불편하지만, 몸이 힘들어도 일을 찾아서 하고 나면 차라리 마음은 편하다고 한다. 그게 설사 나의 업무가 아닐 때에도 … .

솔직히 본인이 하는 업무의 한계(범위)가 없다는 생각이 들 때가 많다고 한다. A씨는 그래서 좀 더 의미 있는 일과를 보내고 싶다고 희망한다.

"현재 하고 있는 일을 처음 시작할 때는 좋아서 시작했는데, 요즈음은 회의가 들기도 하고, 하루에도 수많은 사람들을 대하다보니 어떤 때는 아무 생각 없이 기계적으로 고객을 대하고 있고, 그래서 뭔가 의미 없는 하루를 보내는 것 같아요."

A씨와 상담진행 초반에 스트레스 상태에 대해 이야기를 나눈 후 스트레스로 인해 느껴지는 신체의 불편한 부위에 대해서도 이야기했다. 그는 하루에 수 십 명의 사람을 대하는 직업군으로 근무시간 동안 앉거나 쉴 수 있는 공간 없이 계속 서서 일을 한다.

　육체적 피로 또한 가중되어 있었고, 다양한 고객층들에 맞춰 응대해야 하므로 감정 소진이 매우 많았다. 업무와 동료관계 속에서 자존감 회복이 필요하고, 현재 자신의 위치와 자신이 추구하는 가치관 점검이 필요하기에 이에 맞춰 상담을 진행하였다.

　그가 느끼는 현재의 감정을 표현해 본 후, 느껴지는 감정에 대한 나눔을 진행하였다. 현재 표현한 감정이 업무상황 때 느끼는 감정과 일치하는 감정이 많다는 것을 스스로 알아차리게 되었다. 그는 상담을 통해 자신의 감정과 신체가 보내는 신호를 알아주지 못하였음을 인지하였고, 그냥 그대로 업무에 임해왔음을 상담으로 알게 되었다. 늘 바빴던 상황이어서 자신에게 소홀했음을 인지하였고, 현재의 자존감 상태에 대해 이야기를 나누며, 자신에게 하고 싶은 말들을 글로 표현하는 시간을 가졌다.

'나는 잘하고 있다. 잘 할 수 있다.' '이제까지 잘 해 왔잖아, 나 자신을 격려해.' 그는 상담을 진행하는 동안 자존감이 많이 향상되었고, 스트레스 관리와 에너지 소진에 대한 관리와 능률이 향상되는 효과를 보였다.

A씨의 노동현장인 카페처럼 고객과 직접 대면하여 서비스를 제공하는 노동자는 업무 중간에 소진된 몸과 마음을 쉬고 재충전할 수 있는 휴식시간과 휴게공간이 절실히 필요하다. 그리고 원하면 심리치유상담 등 사회적인 지원책이 필요하다.

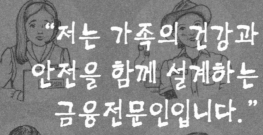

"저는 가족의 건강과
안전을 함께 설계하는
금융전문인입니다."

보험설계사

"저는 가족의 건강과 안전을 함께 설계하는 금융전문인입니다."

보험설계사의 감정노동 스토리

"너 보고 하나 들어준다고 합니다.
보험은 자신을 위한 것입니다."
"실적에 시달리다 보면 보험설계사인지
보험 판매상인지 모르겠어요!"
"업무는 직원처럼, 대우는 종 부리듯!"
"보험설계사에게도 노동3권 줘야…"

보험업법에는 "보험설계사life planner, 保險設計士라 함은 보험 사업자를 위하여 보험계약의 체결을 중개하는 자로서 제145조의 규정에 의하여 등록된 자를 말한다"라고 규정하고 있다. 이들은 다른 말로 보험중개인, 보험모집인 등으로도 불리는데, 보험 상품을 소개·안내하고, 그것의 설계를 도와주는 금융 전문인이다.

전에는 보험가입자를 모집하는 것이 보험설계사의 주된 일이 었으나, 최근 재무상담, 생활설계, 대출상담으로까지 그 영역이 확대되고 있고, 노후보장 자금 마련, 주택 마련 대출 등 다양한 업무를 맡고 있다.

학력, 성별, 나이 등 특별히 자격제한은 없지만, 금융 전반에 관하여 폭 넓은 지식과 전문성이 강조된다. 또한 사람과 만나 이 야기하는 데 무리가 없도록 적극적이고 사교적인 성격을 지닌 사람이 잘 할 수 있는 일이다.

내담자 A씨는 평상시 사람들과 만나는 것을 좋아하기 때문에 고객들과의 만남도 항상 반가움과 설렘이 있다. 하지만 조심스 러움과 걱정은 물론, 실수하지 않으려 항상 긴장감을 갖게 된다.

상대방(고객)이 화를 내는 돌발 행동이나 초를 다투며 급박하게 해결이나 답을 요구하는 일들이 발생할 때마다 좀 더 빠른 대처방안을 찾아 고객에게 피해가 가지 않도록, 그리고 도움이 되어 일을 잘 해결할 수 있도록 방안을 알려주어야 한다.

보험설계사는 이러한 업무적인 전문성과 역량을 강화해야 한다는 부담감을 항상 갖고 있다. 매월 마감에 대한 쫓김, 또한 과다한 정신적 스트레스가 있다고 호소한다.

일을 시작한지 얼마 안 된 초반에는 가까운 지인들에게 안부 전화를 하면 보험 상품 소개나 보험 가입 권유로 오해하는 경우가 많아, 서운하고 속상해서 인생사가 허무하고 슬프기도 했다. 스스로 무능함에 자책하기도 하고, 자존감이 많이 떨어져 답답하고 속상한 마음에 눈물을 흘리는 날도 많았다.

내담자 B씨는 이 일을 십 수 년 간 계속하고 있다. 갑작스럽게 경제적으로 어려워진 가정형편으로 학생(중, 고)인 자녀들의 학비와 생활비를 위해 한 푼의 수입이라도 절실하게 필요했다. 이렇다 할 전문자격증이 있는 것도 아니었고, 나이가 젊어 무슨 일이든 할 수 있는 체력이 있는 것도 아닌 전업주부였지만, 속수무책 한숨만 쉬고 있을 수 없었다. 우연히 지인의 추천으로 이 일을 알게 되고 시작하게 되었지만, 사람 좋아하고 성격 좋다는 이유만으로는 사회생활을 해 나가기가 쉽지 않았다.

보험설계사 일을 하면서 감정노동이 겪게 되는 가장 큰 원인은 고객(인간관계)에 대한 의사소통과 관계 개선 문제와 대처능력이라고 생각된다. 상담과정을 살펴보면 다음과 같다.

첫째, 현재 본인의 상황이나 감정을 편안한 마음으로 이미지(인성) 카드와 감정 카드를 활용하여 살펴보게 하였으며, 불안하고 긴장되었던 순간에 필요했던 욕구들도 찾아보아 마음의 위안과 안정감을 느끼도록 하였다.

둘째, 지금 내가 하고 싶은 것, 내가 할 수 있는 것이 무엇인지, 해야 할 우선순위의 일들이 무엇인지 알아보며, 그래서 지금 당장이라도 실천할 수 있는 일들을 하나씩 할 수 있는 자신감을 키워 행동으로 옮길 수 있게 하였다.

셋째, 그동안 다소 부족했던 감정표현이 그에게 얼마나 중요했고, 정신건강에도 얼마나 큰 영향을 미칠 수 있는가 하는 것을 알아차리는 기회가 되었다. 이에 의사소통과 관계개선을 위한 비폭력 대화법을 함께 익히며 피드백을 주고받는 연습을 하였다.

마지막 과정으로는 일상 속에서 찾아보고 알아차린 나에게, 나의 삶에 소중한 것, 중요한 것을 지키게 하는 것은 무엇인지 확인하고, 앞으로 나의 미래를 단기, 중기, 장기로 구분하여 자신의 인생목표를 설정·계획·설계해 보게 하였다.

상담 이후 내담자들은 내 감정을 무조건 감추며 고객을 대해야 하는 입장에서 서글픔과 속상함이 많았고, 자존감이 떨어져 생긴 허무함을 소중한 가족들에게 원망함과 서운함으로 전가하여 표현했고, 특히 스스로에게 화를 많이 냈던 기억을 안타깝게 생각한다고 했다. 순간순간 솔직한 감정 표현이 중요하다는 것을 알게 되었다고 했다.

도움이 필요한 모든 이(고객)들과 언제나 마음을 함께 나눌 수 있었고, (보험)지식을 나눠 줄 수 있는 사람이라는 자긍심과 보람으로 자신이 거듭나는 의미 있는 시간이 되었다.

천천히 나아가지만 목표가 있고 꿈이 있는 사람이 되기 위해 지속적으로 역량강화와 의사소통의 방법의 중요성을 인식하여 잘 활용하며 실천하도록 노력할 수 있게 하였다.

아프거나 다쳐서 보험의 도움이 필요할 때 뿐만 아니라, 건강하고 행복한 삶을 영위하며 사회의 구성원으로 살아 갈 수 있노록 합법적인 권리를 찾아주는 역할의 보험설계사가 될 것이라고 약속하게 되었다.

보험설계사는 회사를 위해 일을 하면서도 자영업자도 아닌, 근로자도 아닌 '특수고용직'이라 하여 노동조합도 만들 수 없다. 보험설계사도 노동3권(단결권, 단체교섭권, 단체행동권) 보장을 통해 사용자와 대등한 권리를 보장받아야 한다.

입사 1년 후에 60% 이상이 그만두는 보험설계사! 불완전판매, 고아계약, 보험금 지급 민원 등의 문제해결을 위해서도 보험설계사의 노동기본권 보장 및 고용안정이 반드시 필요하다.

현재 보험설계사들이 원하는 것은 불공정행위, 부당행위를 개선하고, 권익향상과 경제적·사회적 지위향상은 물론, 궁극적으로 소비자를 보호함으로써 고객들로부터 신뢰받는 보험인이 되는 것이다.

"혼자라서 소통이 더 필요해요."

1인 자영업자

"혼자라서 소통이 더 필요해요."

1인 자영업자의 감정노동 스토리

"'저기'로 시작해서
'하나줘 봐'로 끝나는
반말! 반말!"

45

자영업은 회사 등의 법인을 설립하지 않고 스스로 하는 사업을 말한다. 그리고 이러한 사업을 하는 사람을 자영업자 또는 개인사업자라고 한다.

자영업자들은 대체로 혼자 창업하여 재무관리, 물품구입, 고객응대 등을 스스로 수행하는 일인다역을 하고 있다. 개인사업자뿐만 아니라 작가 등 예술인, 농부, 행상, 노점상, 프리랜서 등도 자영업자라 할 수 있다.

내담자인 자영업자 P씨는 소자본과 소규모로 창업하여, 동네 주민들의 의견과 취향을 무시할 수 없는 조건에서 영업을 하고 있다. P씨가 골목상권에서 작은 옷가게를 시작한지도 10년이 되어 그 동네에서는 제법 인지도가 높은 가게로 자리를 잡았다. 그래서 경제적 자립을 할 수 있었고, 옷가게 경영에 나름 자부심도 느끼고 있었다.

내담자 P씨는 이 일이 자기의 적성에도 맞고 돈 버는 재미가 쏠쏠해서 평생의 업으로 삼을 생각이다. 그는 항상 고객 앞에서 기분 좋은 표정과 목소리를 유지하고 긍정적인 에너지를 나누어주려고 노력한다고 한다. 비록 작은 동네에서 물건을 파는 일이지만, 고객의 마음을 잡을 수 있다는 자부심을 가지고 있다.

내담자 P씨는 고객과의 웬만한 일은 웃어넘기고, 고객들의 까다로운 요구조건(교환, 환불)도 잘 들어 주어 고객들의 만족도가 높다. 그래서인지 기존 고객이 다른 고객을 소개해 주는 경우가 많다고 한다.

내담자 P씨는 고객을 만나면서 자신의 기분과 관계없이 항상 기분 좋은 텐션을 유지해야 하므로 피로감이 쌓이고 우울감이 더해져 일상생활까지도 어려움을 겪어 상담을 요청하게 되었다.

큰소리를 내는 고객이나 과도한 서비스를 요구하는 고객이 오면 심장이 두근거리고 두통에 시달린다고 한다. 그러나 1인 자영업자이기 때문에 고객과의 갈등으로 인한 감정노동을 하소연할 곳이 없다.

낮에는 고객을 만나기 때문에 밝게 웃고 지내지만, 집에 들어오면 무기력해져 아무 일도 하기 싫고, 짜증만 늘어 우울감이 엄습해 온다고 한다.

그는 '누구에겐가 도움을 받고 싶었고, 상담이라도 받고 싶지만 어느 곳으로 가야 할지 막막해 했다. 회사라도 다니면 동료라도 있어서 서로 공감대가 형성되어 속마음을 털어 놓고 마음의 위안이라도 얻을 수 있을 텐데, 홀로 하는 소상공인이어서 어디에서도 공감을 얻을 수 없는 것이 소상공인의 비애인가?' 하고 고민하고 있던 중 감정노동자 심리치유 상담이라는 것을 알게 되어 상담을 신청했다고 한다.

내담자 P씨를 만나 상담을 하면서 그 동안 겪어왔던 내담자의 어려움에 공감하게 되었다. P씨의 상담신청서에는 '고객과 갈등을 잘 해결하고 싶다'고 적혀 있었다.

상담과정에서 '자신의 감정을 스스로 다스릴 수 있는 방법'과 '갈등이 있는 고객과 관계를 서로 아프지 않게 풀 수 있는 방법'을 내담자와 함께 강구해 보았다.

상담과정 중 내담자 P씨는 고객을 만나며 느끼는 여러 감정을 정리하면서, 자신에게 필요한 것은 결국 한 인간으로 '존중받고 싶다'는 것임을 알게 되었다. 그리고 고객 또한 자신의 권리를 보장받고자 함이 있다는 것을 공감하게 되었다.

앞으로는 고객을 응대할 때, 본인의 감정을 잘 살피고, 본인이 하고 싶은 말을 상담을 통해 연습한 대화법을 활용하여 해 보기로 했다.

상담을 마친 후 내담자 P씨는 자신이 그 동안 겪은 갈등상황의 해결방법을 잘 몰라 문제를 급하게 끝내려고만 했었는데, 앞으로는 문제의 근본이유를 찾은 후 원만한 해결 방법을 모색해야 하며, 그러기 위해서는 대화방법이 중요하다는 것을 알게 되었다고 했다.

상담을 마친 내담자 P씨는 감정노동자상담소가 있으면 좋겠다고 하였다. 맞는 말이었다. 1인 자영업자들은 감정노동에 대한 어려움을 겪어도 호소하고 보호받을 조직이 없다.

P씨는 여러 가지로 도움이 절실했는데, 찾아와서 해주는 심리치유상담 프로그램이 있어서 자신과 사업체에도 큰 도움이 되었다고 했다. 그는 영세한 자영업자가 감정노동으로 상처를 받을 때 쉽게 찾아갈 수 있는 상담기관이 있었으면 좋겠다고 힘주어 말했다.

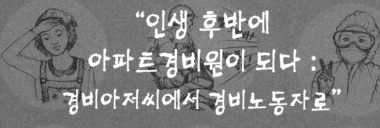

"인생 후반에
아파트경비원이 되다 :
경비아저씨에서 경비노동자로"

경비노동자

"인생 후반에 아파트경비원이 되다.
(경비아저씨에서 경비노동자로)"

경비노동자의 감정노동 스토리

"아파트 경비원의 자살은 사회적 타살입니다."
"고! 다! 자! 고르기 쉽고, 다루기 쉽고,
자르기 쉬운 노동자라고 합니다."
"임! 계! 장! 임시계약직 노인장입니다."
(조정진, 『임 계장 이야기』)
"택배 물건정리, 주차된 차 밀기 등 경비업무 외
할 일도 만만치 않습니다."

"인생 후반에 아파트경비원이 되다 : 경비아저씨에서 경비노동자로" [경비노동자]

2021년 7월 9일 국토교통부는 공동주택에 근무하는 경비원이 경비업무 외에 수행할 수 있는 업무범위 설정 등을 주요 내용으로 하는 공동주택관리법 시행령 및 시행규칙 개정안을 입법예고하고, 2021년 10월 중 공포·시행한다고 밝혔다.

공동주택 경비원은 종래 경비업법에 따라 경비업무만 수행할 수 있었지만 공동주택관리법 개정으로 경비원이 경비업무 외에 대통령령으로 정하는 공동주택 관리에 필요한 업무를 수행할 수 있게 되었다. 그러나 공동주택 경비원이 경비업무 외에 수행할 수 있는 업무는 아래와 같이 한정된다.

첫째, 청소 등 환경관리
둘째, 재활용가능자원의 분리배출 정리·단속
셋째, 위험·도난 발생방지 목적을 전제로 한 주차관리
넷째, 택배물품 보관

반면 공용부분 수리 보조, 각종 동의서 징구 등 관리사무소의 일반사무 보조 등은 원칙적으로 제한되며, 개인차량 이동주차(발렛 주차), 택배물품 세대 배달 등 개별세대 및 개인 소유물 관련 업무도 제한된다.(2021년 7월 9일자 관보, '국토교통부 누리집 또는 통합입법예고 시스템')

이 개정안은 아파트 경비원의 현실적인 상황을 반영하고, '공식 업무가 아닌 일'을 배제하겠다는 취지다. 이런 개정안이 시행되게 된 배경에는 최근 몇 년 동안 아파트 경비원의 열악한 노동환경과 '갑질'의 피해로 극단적인 선택을 하는 경우가 언론에 보도되면서 그들의 처우를 개선해야 한다는 목소리가 높아졌기 때문이다.

상담신청서에 '상담을 하면서 정신적으로 안정이 되었으면 좋겠음'이라고 기재한 60대의 내담자 C씨는 다른 업종에 30여 년 종사하다가 명예퇴직을 하고 인생 후반에 아파트 경비원으로 근무하게 되었다고 한다.

아파트 경비원은 지원해서 채용되는 과정이 그리 어렵지 않다. 채용조건이 까다롭지 않기 때문이다. 1년 계약직으로 나이 무관, 경력 무관인 경우가 많다. 지금 근무하는 아파트는 세 번째 근무지이다. 한번은 잘렸고, 한번은 C씨가 스스로 그만두었다. 지금 아파트는 근무 3년째로 격일 24시간 근무를 하고 있다.

상담에서 내담자 A씨가 호소한 내용이다.

"나는 근무경력이 오래된 편이다. 현실적으로 6개월을 넘지 못하고 그만두는 사람이 많다. 대체로 스스로 그만두기도 하지만, 해고되는 경우가 많다. 사용자 측에서는 자르면 다시 골라 뽑으면 되기 때문에 걱정이 없다. 그래서 아파트 경비원을 고르기 쉽고, 다루기 쉽고, 자르기 쉽다고 '고—다—자'라고 하는 것이다.

아파트 경비원으로 일하면서 잡다한 심부름을 참 많이 했다. 택배 물건 가져다 달라, 조명등 갈아 달라, 시장 본 물건과 쌀자루 들어 달라, 모기약 사다 달라, 가구 옮겨 달라, 길고양이가 집에 들어왔는데 쫓아 달라, 약 좀 사다 달라, 휴대폰이 고장 났다, 등등.

거동이 불편한 노인들의 심부름은 기꺼이 할 수 있으나 젊은 사람들의 심부름은 솔직히 하기가 어려웠다. 그러나 거절하기는 더 어려웠다. 그럴 때는 내가 한심스럽기도 하고 비참하기도 했다.

어느 날 음식물 쓰레기통을 수돗가에서 씻고 있는데, 갑자기 어떤 주민이 "경비 아저씨, 그거 하나 씻는데 물을 왜 그렇게 많이 써요?"하고 버럭 소리를 지르며 확 밀치고 수도꼭지를 잠그기도 했다. 대체로 입주자대표회의 임원 등 '권력'을 가진 주민이다. 이런 경우 변명이나 대꾸를 하면 금방 관리실에 알려져 잘리게 된다.

아파트 경비원으로 일하는 동안 가장 자주 들었던 말은 '자른다!'였다. 경비원이 고분고분하지 않다는 민원 때문에 분리수거

철저히 못 했다고, 주차관리를 잘못 했다고, 또는 새로운 입주자대표회의 회장 취임식에 참석하지 않았다고 경위서를 쓴 적도 있다. 이유는 다 나열할 수 없을 정도로 많다.

그럴 때마다 머리를 깊숙이 숙여 잘못을 시인하고 사과를 한다. "정말 죄송합니다." 그러지 않으면 당장 잘린다. 이런 상황을 더 이상 못 참고 그만두는 사람도 많다. 지금은 그래도 적응이 되었지만, 이렇게 하루하루 아슬아슬하게 살아오는 동안 화병이 생긴 것 같다. 앞으로 공동주택관리법이 개정되고 시행된다고 하지만 얼마나 달라질지 의문이다. 상담을 통해 정신적으로 안정을 찾고 싶다."

이렇게 호소를 하는 중에 "머리를 깊숙이 숙여!"라는 말을 하면서 실제로 상담자 앞에서 머리를 숙였다가 드는 A씨의 눈에는 눈물이 그렁그렁했다.

상담자는 상담과정에서 C씨가 그동안 한 인간으로 존중받고 싶었음에 공감하고, 인생 후반에 아파트 경비원이라는 새로운 직업을 선택해서 의연하게 생활하고 있음을 지지하고 격려했다.

C씨는 앞으로도 5년은 더 근무하고 싶다고 한다. 이후 지금까지와 유사한 상황이 다가올 때 이제부터는 '저 사람이 나를 무시한다, 저 사람은 정말 무례하다, 저 사람은 이기적이다, 저 사람은 말이 안 통하는 사람이다' 등의 생각을 한쪽으로 미루어 놓고 자신을 다스릴 수 있는 방법을 같이 찾아보았다.

상담 프로그램은 자기 공감(자기이해), 공감적 경청(타인이해), 자존감 증진, 성인지감수성 등을 적용했다. 상담이 끝난 후 C씨는 뒤 돌아보니 아파트 경비원으로 일하는 동안 자신에게 친절하고 애틋하게 대해준 입주민과 관리실 직원, 동료들도 많았다고 했다. 너무 힘들어 그것조차 잊었음을 지금서야 알았다며 그분들에게 감사한 마음을 갖게 되었다고 했다.

성인지감수성에 대해서는 처음 듣는 단어였는데, 사례와 함께 공부함으로써 미처 생각하지 못했던 것을 많이 알게 되었고, 앞으로 아파트 경비원을 하는데 큰 도움이 될 것 같다고 했다.

마지막으로 아파트 경비원이라는 새로운 직종을 경험하면서 애를 쓰고 산 스스로를 지지하고 칭찬하고 싶고, 상대를 판단·평가만 하기보다는 조금은 있는 그대로 바라볼 수 있게 되었다고 하며 밝은 얼굴로 마무리했다. 그리고는 상담자에게 자신의 이야기를 잘 들어 주고, 해결방법을 같이 나누어 주어 감사하다는 말을 하고 떠났다.

C씨와 같이 격일제로 24시간 근무하는 아파트 경비원은 감시·단속적 근로자로 근로기준법 상의 근로시간, 휴게시간, 휴일에 대한 보호를 받지 못한다. 아파트 경비원을 포함해 수위, 물품감시원, 은행경비원, 또는 보일러실, 전기실에서 기계고장에 대비하여 대기하는 작업자 등이 감시·단속적 근로자에 해당된다. 감시·단속적 근로자 적용은 아파트 경비원의 장시간 노동과 열악한 노동환경을 가능하게 하는 수단으로 악용되기도 했다.

　2021년 10월부터 시행되는 공동주택관리법 개정안의 핵심은 현재 경비노동자 본연의 업무인 경비업무 외 겸직업무의 범위를 주차관리, 택배관리, 분리수거, 환경관리 등으로 허용하는 방안이다. 겸직이 확정되면 경비노동자는 일반 근로자로 재분류된다. 겉으로 드러난 상황만 놓고 보면 경비노동자의 현실을 반영해 업무환경 개선을 이루는 것처럼 여겨진다.

　그러나 내담자 C씨에 의하면 정작 개정 법안의 적용 대상자인 아파트 경비원들은 근로환경 개선, 고용안정성 등을 기대하기보다는 오히려 두려워하는 분위기라고 한다. 감시·단속적 근로자에서 일반근로자로 전환되면 인건비는 인상되겠지만, 입주민이 부담할 관리비가 증가하게 되고, 그 여파로 결국 인원감축이 될 수밖에 없기 때문이다. 2018년 최저임금이 인상됐을 때도 인원을 감축한 아파트에서 수많은 경비원들이 일자리를 잃었다.

이렇게 앞으로도 아파트 경비원들의 고용안정은 불투명하다. 개정된 법률의 시행을 앞두고 현장의 혼란과 우려가 커지리라고 본다. 이제는 아파트 경비원의 겸직 판단 기준과 24시간 교대제 개편 등 현실적인 고용안정 방안과 마련이 시급하다.

그리고 무엇보다 우리 사회와 입주민들이 아파트 경비원을 을乙이 아니라 아파트 공동체 구성원의 하나로 생각하는 인식개선이 필요하다.

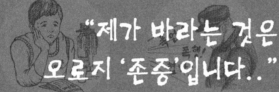
"제가 바라는 것은
오로지 '존중'입니다.."

공공건물 경비원

"제가 바라는 것은
오로지 '존중'입니다."

공공건물 경비원의 감정노동 스토리

"저는 '이봐!'가 아닙니다."

"최소한의 예의를 필요로 합니다."

"반말은 삼가주세요."

"간접고용 비정규직 …

언제 일자리를 잃을지 몰라요."

은행경비원. 공공적으로 이용되는 건물에는 경비원이 있다. 이 가운데 은행의 점포에서 일하는 분의 이야기를 싣는다.

그들은 흔히 '청원경찰'이라고도 불린다. 그러나 '경찰'이라는 단어가 들어가 있지만, '경찰공무원'과는 전혀 다르다. 그들은 용역업체 소속의 기간제 노동자로, 청원경찰법 아래의 경비업 규정에 따라 은행, 공공건물, 또는 박물관 등의 사업체에서 재산 또는 시설의 치안을 유지하며, 절도, 폭력, 법률 위반행위 또는 기타 불법행위를 방지하는 일을 하고 있다.

주요 업무는 도난, 폭력, 규칙위반, 또는 기타 불법적인 행위를 예방하기 위하여 건물과 공공건물을 순찰하고 관리한다.

내담자 B씨는 계약제로 근무하는 은행경비원으로, 매일 은행을 방문하는 고객들로부터의 폭언에 노출되어 있었다. 하루 종일 서서 고객 안내와 응대를 해야 하고, 은행업무와 관련된 잡다한 일들을 처리하느라 신체적 피로가 누적되어 있는 상태였다.

B씨는 내방 고객들의 동전자루를 옮기는 일부터 고객이 요청하면 가방을 들어주거나 장바구니를 옮겨주는 일도 한다. 또한 고객들이 두고 간 휴지나 먹다 남은 음료 등을 치우고 정리하는

일도 모두 B씨의 몫이다. B씨는 고객이 도움을 요청하거나 필요로 할 때는 선택의 여지없이 모든 것을 해야 했다.

고객들이 B씨를 부를 때, 그 호칭에서도 자존감이 무너지는 것을 느꼈다고 한다. '어이!' '이봐!' 등으로 부르거나, 때로는 그냥 손짓으로 부르는 경우도 있다고 한다. 매일 반복되는 이러한 일상으로 자존감이 많이 상실되었다고 한다.

함부로 대하거나 예의를 지키지 않는 일부 고객들에게, 그는 자신에게 최소한의 예의를 지켜 주기를 바라는 마음이 가득하다고 했다.

한번은 이런 일도 있었다고 한다.

고객이 다짜고짜 들어와서는 "내가 지금 너무 바쁘니까 지금 바로 송금을 할 수 있게 해줘!"라고 하여 "네, 고객님 그러시군요. 하지만 번호대로 일을 처리해 드려야 하니 번호표를 뽑고 대기해 주시면 처리해 드리도록 하겠습니다"라고 했다고 한다. 그러자 고객은 화를 내며 마시고 있던 음료를 B씨에게 던져 버렸다. 얼음과 음료가 얼굴과 목덜미를 타고 흘러내리고 상의가 순식간에 젖어 버렸다.

하지만 이런 상황에서도 자신의 젖은 몸을 닦기는커녕 고객이 던진 음료로 지저분해진 바닥을 닦고 정리하고 고객을 진정시키기에 바빴다고 한다. 그 상황을 감당하는 것은 오직 자신의 몫이었고, 주변의 누구도 B씨의 상황을 걱정해 주는 사람은 없었다고 하면서, 그가 깊은 자괴감을 느꼈다고 했다.

또 다른 고객의 경우, 은행 앞 도로가에 주차를 했으니까 대기순번을 당겨달라고 했다고 한다. 고객에게 죄송하지만 어렵다고 했더니, 주차위반으로 '과태료가 나오면 네가 책임질거냐?'며 다짜고짜 막말과 욕설하며 했다고 한다. 이러한 상황에서도 B씨는 자신을 돌보기보다 고객을 진정시키기에 여념이 없었다고 한다.

B씨의 이야기를 들을 때 마음이 애잔하였다. B씨와 상담진행 시 자신에 대한 돌봄이 필요한 상황이라 판단되어 '감정 알아차리기'와 '신체 알아차리기' 과정을 진행하였다. 노동현장에서의 자신의 감정과 신체 느낌을 알아차리는 연습을 해 봄으로써 스스로를 돌볼 수 있는 힘을 가질 수 있도록 했다. 상황에 영향을 미치는 주요한 가치관을 점검해 보고, 그 가치관을 바탕으로 자신의 인생설계를 해 보는 과정을 통해 희망적인 미래설계를 해 볼 수 있도록 도움을 주었다.

고객과 대화 시 힘들었던 상황을 떠올려 보고 상담을 하였으며, 솔직하고 진술하게 표현하기, 또는 요청, 거절하기 방법에 대해 나누고 시연해 보는 시간을 가졌다.

B씨는 이번 상담을 진행하는 동안 자존감 향상과 능률이 향상되었고, 자기효능감이 증진되었으며, 본인의 진솔한 욕구를 잘 알아차리게 되었다고 했다.

은행 경비원은 감시·단속적 근로자로 근로기준법의 근로시간, 휴게시간, 휴일에 대한 보호를 받지 못한다. 이들을 근로기준법의 보호를 받을 수 있는 일반노동자로의 전환이 필요하며, 책임감과 자긍심을 가지고 일할 수 있도록 사용자, 고객의 인식 개선이 무엇보다 필요하다.

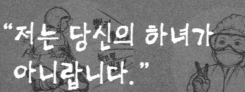

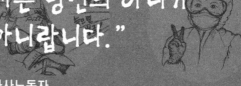

"저는 당신의 하녀가
아니랍니다."

가사노동자

"저는 당신의
하녀가 아니랍니다."

가사노동자의 감정노동 스토리

"저도 당당한 노동자랍니다."

"제발, 제 자존심도 배려해주세요."

"아이들 앞에서는 단어 선택을 부탁해요."

71

가사노동자는 감정노동자인가? 아닌가? 가사노동자를 사용하는 사람과 고용되는 관계에서 많은 감정적인 부분이 불편해질 수 있다면 이들은 감정노동자로 불리어짐이 맞다.

　가사노동자라는 낱말은 '가사도우미'라고 불리던 사람을 일컫는 말이다. 세상이 바뀌면 사용하는 단어도 달라지고, 단어가 달라지면 그 단어에 대한 의미나 가치에 대한 사람들의 생각도 달라진다.

　공식적으로 국가에서 사용하는 명칭이 만들어진 것은 관련 법률이 만들어졌기 때문이다. 그 동안 가사도우미, 가사근로자로 활동하시는 분들은 정식으로 노동자로 인정되지 않았으며, 당연히 근로기준법도 적용받지 못했다.

　이제는 당당히 노동자로 인정받으면서 가사서비스 제공기관과 근로계약을 체결한 가사노동자들은 휴게, 휴일, 연차유급휴가, 최저임금, 퇴직금 및 고용·산재보험 등 노동관계법과 사회보험을 제공받을 수 있게 되었다. 이 분들에게는 매우 반가운 일이 아닐 수 없다. '가사노동자의 고용개선 등에 관한 법률'이 2021년 5월 국회에서 정식으로 통과되었기 때문이다.

　가정에 고용되어 식사·청소·세탁·장보기 등의 가사노동을 하는 여성을 가정부라 부르며, 지금은 사라진 하녀, 식모, 파출부, 가사도우미라고 불리어졌던 이 개념은 이제 먼 나라 일이 되어버렸다. '한국 표준 직업 분류'에 따라 가정부의 정식 명칭은 가사 도우미였었으나, 이제는 그 단어마저도 사용하지 않게 되었다.

그럼에도 불구하고 아직도 이들을 '아줌마'라고 호칭하면서 친구나 동창들끼리도 가사노동자가 필요한 경우 "아줌마 하나 구해줘!"라거나 "일 잘하는 좋은 아줌마 없을까?" 같은 표현을 한다.

가사노동자를 고용하는 사람들 사이에서도 여전히 이들을 함부로 대한다. 자신이 할 수 있는 일임에도 불구하고 돈을 지불한다는 이유로 산더미처럼 쓰레기를 쌓아놓거나, 먹고 남긴 음식물도 그대로 놓아둔 채 가사노동자에게 미루는 사람들도 있다.

"에어컨이라도 미리 켜놓고 일할 만한 어느 정도의 환경을 만들어 놓기는커녕 본인은 외출하면서 전기료를 절약한다면서 선풍기도 사용하지 못하게 해요."

"추운 겨울날 설거지에 따뜻한 물도 사용하지 못하게 하는 등 최소한의 인간적인 배려가 없는 경우도 있답니다."

"어린아이들 앞에서 옛날 하녀 부리듯이 함부로 말하기 일쑤랍니다. 엄청 자존심이 상했어요."

"어느 집에 갔더니 남성 혼자 있더라고요. 속옷 바람으로 집 안을 어슬렁거리며 돌아다니고 있어서 여간 조심스러운 게 아니었어요. 별 일은 없었지만 마음이 조마조마하고 심지어는 무섭기까지 했어요."

이제 우리는 가사노동자에 대한 개념을 바꾸어야 한다. 이들도 이제는 근로계약을 체결한 노동자이며 노동관계법이 적용되어 최저임금, 사회보험, 퇴직금, 연차 유급휴가가 보장되는 당당한 직업인이라는 점을 알아야 한다.

그리고 가사서비스 이용계약 시 서비스의 종류, 이용요금, 손해배상 등의 내용이 담긴 서면 계약서를 작성해주고, 계약 내용을 벗어나지 않도록 업무를 할당해야 한다.

가사노동자도 당당한 노동자임을 인식하고, 서로 서로 당당하게 요구할 것은 요구할 수 있는 분위기가 조성되어야 한다.

"라이더 노동의 소중함을 인식해주세요."

배달라이더

"라이더 노동의 소중함을 인식해주세요."

배달라이더의 감정노동 스토리

"배달라이더는 개인사업자, 특수고용 노동자입니다."

"코로나 19 사태 이후 하루 300개 배달합니다."

"1주일 80시간 근무합니다."

"몸이 지쳐갑니다. 더 버티기 힘들 것 같습니다."

"그래도 오늘 또 일어나 나왔습니다."

"배달 사고 나면 라이더가 다 뒤집어씁니다."

도보 배달, 화물칸 엘리베이터 탑승, 우비 탈의…분양가 20억
원을 웃도는 서울 고급아파트에서 배달라이더에 지시한 내용
이다.

배달라이더는 자동차, 오토바이, 자전거, 도보 등의 이동수단
으로 나누어 분류할 수 있다. 라이더에는 배달에 필요할 수단을
구입하여 계약을 맺는 '지입 라이더'와 업체에서 운행수단을 대
여해주는 방식을 택하는 라이더들이 있다.

이때 대다수 라이더들은 배달에 사용되는 이동수단을 대여해
야 한다. 따라서 배달을 하지 않는 날에도 보험료는 고정비용으
로 지출된다.

상담자가 만난 감정노동자는 배달라이더이다. 우리가 길을 가
다가 흔하게 만날 수 있는 사람이다. 내담자를 만났을 때 그는
많이 지쳐 있었다. 빨리 경제활동을 해야 했기 때문에 쉽게 일자
리를 구할 수 있는 배달라이더가 되었다며 씁쓸하게 웃었다. 그
러면서 배달라이더로서 보람 있는 일과 힘든 일에 대해 이야기
를 시작했다.

"나는 부모님 없이 혼자 살아야 하기 때문에 돈을 벌지 않으면

안 되었어요. 처음에는 일한 만큼의 보수를 받는다는 것이 좋았고, 그래서 뿌듯함과 보람을 느꼈어요. 나는 사람들과 어울려 일을 하는 것이 힘들고 불편한데, 이 일은 혼자서 할 수 있는 일이라서 좋았어요. 그런데 시간이 가면서 점차 지치게 되었어요."

상담자는 내담자에게 가장 힘든 점이 무엇인지 물어 보았다. 비가 내리거나, 눈이 오거나, 매우 춥거나 더우면 배달하는 것이 힘들다고 했다. 날이 추워 도로가 빙판이 되면 힘은 두 서 너 배 더 든다고 했다.

그리고 몸이 아파서 일을 하지 못하면 돈을 벌 수 없어서 부담이 되고, 배달이 많아서 속도를 높이거나 급한 마음으로 배달을 하다가 사고가 나면 배달 음식을 책임져야 하기 때문에 부담이 된다고 했다.

이 청년은 항상 교통사고에 대한 걱정을 하면서 일을 한다고 했다. 일부 언론에서는 라이더들이 억대 연봉을 벌고 있다고 하는데, 내담자가 생각하기에는 불가능하다고 했다. 다른 라이더들이 돈을 많이 번다는 말을 들으면 상대적인 박탈감이 느껴지고, 자신은 하루 벌어서 하루 사는 하루살이 인생인 것 같아서 지친다고 했다.

굳은 날씨보다 라이더를 더 힘들게 하는 것은 고객들의 불만과 태도이다. 마치 아랫사람처럼 다루는 태도에 마음이 많이 상한다고 했다. 예를 들어 배달이 늦었다고 반말과 욕설을 하는 고객을 만나면 온몸이 굳어 버린다고 했다. 또 어떨 때는 무조건 반말을 하며 배달할 음식을 앞에 툭 던지는 업체 사장님을 만나면 자괴감까지 느껴진다고 했다. 그 상황에서는 목이 말라도 물 한 잔 달라는 말을 하기가 어렵다고 했다.

상담자는 '감정노동자'의 의미를 설명하고, 스스로 감정노동자라고 생각하는 본인이 경험한 감정노동을 몇 가지 이야기 하면서 자신이 감정노동자라고 단언했다.

내담자는 상담자가 자신 이야기를 들어주는 과정에서 긍정적 감정과 부정적 감정, 모두 소중한 감정이란 것을 알게 되었다고 했다. 특히 부정적 감정이 생기는 이유를 찾을 수 있어서 마음이 후련하다고 했다.

자기 자신을 이해하면서 사람들과의 관계를 잘 맺고 싶은 마음을 알게 되었다고 했다. 그리고 미래 계획 세우기를 통해서

우리는 감정노동자입니다

하고 싶은 일을 생각할 수 있어서 좋았다며 상담을 마쳤다. 상담을 받을 수 있어서 좋았지만, 시간이 짧은 것이 아쉽다며 기회가 된다면 다음에 또 받고 싶다고 했다.

이러한 배달라이더들을 위해 필요한 것은 무엇일까? 코로나 바이러스 유행을 계기로 배달은 우리의 생활 속 깊이 들어와 일상이 되었다. 하지만 배달라이더들의 갑질 피해는 끊이지 않고 있다.

국내 배달업계 시장 규모에 비해 라이더는 개인사업자로 분류돼 근로자로서 보호받지 못하는 노동법 사각지대에 놓여있다. 라이더를 향한 갑질 피해 지원과 예방책 마련이 시급하다.

예방책으로 배달 플랫폼 업체들이 라이더들과 상생할 수 있도록 라이더의 인권 보호에 대한 지침이 마련되길 바란다. 폭언 등을 하지 않도록 요청하는 문구 게시, 혹은 음성안내와 고객응대 매뉴얼 및 대처방법 등 포함되어야 한다.

그리고 배달라이더들을 '하찮은 노동자'로 대우하는 사회적 편견을 바꾸어야 한다. 이러한 인식개선을 위해 '라이더 노동의 소중함'을 인식할 필요가 있고, '사람 위에 사람 없다'라는 격언을 소환해 법 적용의 사각지대 없이 열심히 일하는 라이더들이 살 맛나는 세상이 되길 간절히 염원해 본다.

"내 일을 사랑하지만,
태움이 너무해요."

간호사

"내 일을 사랑하지만,
태움이 너무해요."

간호사의 감정노동 스토리

"간호사는 초단위로 바쁩니다."

(간호사 한 명당 환자 평균 20명 배당)

"간호사로서 나이팅게일 선서를 못 지키는

스스로가 안타깝습니다."

"간호사는 온 몸이 여기저기 아픕니다.

항상 수면부족에 시달립니다."

"간호사는 재가 될 때까지 태웁니다.

개인의 문제가 아닙니다."

"내 일을 사랑하지만, 태움이 너무해요." [간호사]

간호사 1명당 담당 환자 OECD 최고 수준인 19.5명, 인권침해 경험 69.5%, 평균 근무연수 5.4년, 신규 간호사 1년 내 이직률 33.9%. 전체 간호사 중 의료기관 근무 간호사 49.6%, 그 중 잠재 이직률 57.5%, 의료법상 간호사 인력기준 위반 의료기관 86.2%, 매일 연장근무 87.9%, 연장근무수당이 없는 비율 62.3%, 식사를 거르는 비율 64.4%, 따로 휴식시간 없음, 의료기관 간호사 중 유·사산 경험 29.6%, 병원 내 폭언 경험 60%, 폭행 경험 11.4%, 성희롱 등 성폭력 경험 18.9%.

이것이 대한민국 간호사의 현실이다. 위 내용은 외과 중환자실 21년 차 김현아 간호사가 쓴 『나는 간호사, 사람입니다 : 단 한 번의 실수도 허락하지 않는 삶을 사는 사람들의 이야기』(2018)의 일부 내용이다. 지금은 많이 달라졌을까?

2018년 10월부터 감정노동자 보호를 의무화한 개정 산업안전보건법이 시행되어 감정노동자에게 고객의 폭언 등으로 인한 건강장애가 발생하거나 발생할 현저한 우려가 있는 경우 사업주로 하여금 업무의 일시적 중단 또는 전환 등의 조치를 하도록 하고, 이를 어기면 1천만 원 이하의 과태료를 부과하게 했다.

상담자는 K씨에게 물었다. "그 이후 조금 달라졌나요?" 서울의 유명한 종합병원에서 3년 차 간호사로 근무하는 K씨는 아니라고 말했다. 상담을 요청한 그녀 역시 3교대 근무와 '정신 안 차리면 큰 사고가 난다'는 스트레스로 정신적으로 예민해지고 몸이 안 좋아져서 하혈을 했다고 한다. K씨는 자신의 업무 스트레스를 '누군가 칼을 들고 쫓아오는 느낌'이라고 표현했다. 간호사는 환자의 치유를 위해 의사, 동료 간호사, 환자와 보호자, 검사실 근무자, 간호조무사와 각각 관계를 맺으면서 전체를 아우르는 중심에 있다고 한다.

환자의 상태를 가장 잘 파악하고 있는 간호사, 동료 간호사를 통해 환자에 대한 정보를 얻고 소통을 하는 사람이 간호사이다. 간호사의 업무는 크게 액팅acting과 차팅charting으로 나눌 수 있는데, 액팅은 대화를 통해 환자상태를 파악하고 약을 투여하는 행위, 차팅은 환자의 특이사항이니 투여한 약물을 기록으로 남기는 일이다. 이는 환자의 특이사항이나 기존에 복용 중인 약, 먹는 이유, 가족력 등 여러 요인을 복합적으로 봐야 한다.

의사는 환자의 질병을 직접적으로 치료하지만 개별 환자 하나 하나 세세하게 알지 못하고 전체 상호작용을 보는 힘이 약하다고 한다. 의사의 실수나 전산문제로 잘못된 처방이 나왔을 때, 간호사는 그 처방을 걸러내야 하는 책임이 있다.

환자는 약 달라, 주사 달라 소리 지르고, 처방권이 있는 의사는 수술이나 회진 중이라 연락이 안 될 때 의사와 환자 사이에서 난감해지기도 하고, 예민한 의사와 마찰이 생기기도 한다.

무엇보다 3교대를 해야 하는 업무환경이 제일 힘들다고 한다. 데이day / 이브eve / 나이트night로 일정하지 않은 근무 스케줄은 생활이 불규칙해지고 건강에도 몹시 좋지 않다.

어제는 새벽 5시 반에 일어나고, 오늘은 밤 9시에 일어나 아침 8시까지 근무하는 환경이 반복되는 것이다. 나이트를 4일 연속 하기도 한다. 생체리듬이 깨지고 불면과 우울증이 오고 예민해지기 일쑤다.

검사실의 얼굴도 모르는 직원과도 늘 싸우게 된다. 검사 예정시간을 지키지 못하는 환자, 검사실에서 난동을 피우는 환자, 그로 인해 수술이 늦어져 이후 일정이 틀어지면 의사가, 모두가, 담당 간호사에게 항의를 한다. 그때마다 마음으로 외친다고 했다. '왜 우리한테 난리야!'

주말 이브닝 근무 때는 월요일 입·퇴원과 수술일정 준비로 밥도 못 먹고 화장실 갈 시간도 없이 바쁘다. 다인실 입원환자들에겐 여러 환자들은 돌보느라 종종대며 오가는 K씨의 바쁨이 보였지만, 1인실 환자와 보호자는 그렇지 못했던 모양이다.

"뭐가 그렇게 바쁘냐? 너 혼자 바쁜 척하냐?"고 소리를 지르며 물건을 집어던졌다고 한다. 고함소리가 병원 복도에 울렸다. K는 순간 울컥했다고 한다. 그러나 놀랍게도 그녀는 이렇게 말했다.

"근데 사실 울 시간조차 없어요. 울면 그만큼 시간이 지체되고, 그로 인해 다른 병동의 환자들에게 까지 영향이 가니까요."

지시사항을 안 지키거나 들은 적 없다고 고집부리며 큰소리치는 환자도 있고, 좌약을 넣는 방법을 알려줘도 직접 해 달라고 요구하고는 그 다음날 느낌이 좋았다고 하거나 불필요한 신체접촉을 하는 VIP 환자도 있다.

K씨는 사람들이 좋고 그들과 대화 나누는 것을 좋아해서 일부러 병동 지원을 했다고 한다. 몸이 아픈 환자와 보호자는 당연히 예민할 수밖에 없다고 생각해서 그들에게 이해가 가고 관대한 마음이 생긴다고 했다.

오히려 병원 밖 환경에서는 '넌 환자도 아닌데 왜 그래?'라는 마음으로 주변인들에게 날카로워지고, 일반인에겐 더 냉정해지는 모습을 보고 소스라치게 놀란다고 했다. 식구들이 말 붙이기 무섭다고 말했다.

간호사의 '태움'에 대해서는 여러 생각이 교차된다고 했다. 작은 실수가 환자 생명을 좌우할 수 있어 업무미숙에 관대할 수 없고, 3교대 인수인계로 내 일을 내가 마무리하는 것이 아니라 다음 근무자가 일을 이어받고 다시 넘겨주는, 실수와 오류에 대한 명확한 책임자를 찾기도 힘든 조직체계에 수직적인 위계문화, 과중한 업무 스트레스가 복합적으로 작용한 것이라고 생각했다.

K씨 역시 신임 간호사로 너무 힘들었으나, 당시 수간호사의 힐링 여행과 심리상담 프로그램이 큰 도움이 되었다고 한다. 특히 같은 과 간호사들과 함께 한 여행은 그들 모두가 일상에선 순둥이 같은 사람임을 알게 해 주었고, 쉽게 마음을 나눌 수 있는 계기가 되어 이후 생활이 훨씬 부드러워졌다고 했다.

K씨는 간호업무를 사랑하고 스스로가 발전되기를 원하는 긍정적인 사람이었으나, 스트레스 지수가 상당히 높게 나와 현재

지속적인 치료와 휴식이 필요했다. 또한 결혼을 계획하고 있어 불임에 대한 불안도 가지고 있었다.

이는 모든 간호사가 겪고 있는 일이며, 현 근무상황에서는 대안이 없다는 말에 너무 고통스러워 했다. 생리휴가도 사용할 수 없으며, 임신한 경우에만 3교대에서 벗어나 데이 근무로 조정된다고 했다.

⚖️

상담은 자기 탐색, 자기 이해와 스트레스 관리를 통해 '잘하고 싶다. 잘해야 한다'는 강박 속에 있는 자신을 바라보고, 마음 전환의 도구를 찾아보는 작업을 하였다.

K씨는 유능한 사람으로 인정받고 싶어 하는 자신에게 연민을 느끼고 스스로를 채근하지 않겠노라 다짐했다. 그러나 간호사의 근무환경 변화 없이 개인의 노력만으로 마음을 챙기는 것이 얼마나 고단할까 하는 생각이 들었다.

간호사라는 직업은 '돌봄 노동'으로 구성되어 있다. 이는 우리 사회가 돌봄을 대하는 특징적 태도와 무관할 수 없다. 돌봄은 '여성의 일' '여성에게 장착되어 있는 정서'로 하나의 노동으로 인정하기보다는 당연하게 요구되는 일이라는 인식이 반영되어 있다. 그래서 돌봄 업무의 거부나 불만 표현은 비난의 대상이 되는 것이다.

이로 인해 간호사의 돌봄 노동은 전문성에도 불구하고 '환자에 대한 사랑과 헌신의 직업적 사명감'으로 환원되어 감정노동을 강요받는 직업군이 되었다. 가부장적인 한국사회의 여성과 돌봄에 대한 인식변화 없이 구태의연한 구조 속에서 개인이 어떻게 힘을 내야 할까?

일단 제도를 통해 환경을 변화시켜 볼 필요가 있다. 간호사의 근로조건과 업무환경이 개선될 수 있는 법 제정과 감정노동 수준을 적절히 관리하기 위한 제도적 개선, 법적 보호조치 마련 등 정책적인 장치가 우선되길 바란다.

이와 함께 병원이나 기관 관리자의 인식개선으로 간호사들의 직무 스트레스를 이해하고 격려해주며, 공식적으로 감정노동 수준을 낮추기 위한 다양한 노력을 기울여야 한다.

"교사도 아프면 아프다고
말할 수 있어야 합니다."

초등학교 교사

"교사도 아프면 아프다고 말할 수 있어야 합니다."

초등학교 교사의 감정노동 스토리

"기간제 교사의 애환 알고 있나요?"

"얘들아! 선생님도 울고 싶을 때가 있단다."

"아이들이 사랑스럽지만, 무섭기도 한 내가 싫어요."

"내가 교사라는 직업이 맞지 않는 것 같아요."

"출근하는 게 겁이 나요. 내가 선생인데~"

요즈음 한 초등학교 교사의 극단적 선택 후 '교육할 권리와 보호'를 외치며 주말에 '거리로 나선 교사'들의 이야기가 사회면을 차지하고 있다. 2년 전 한 초등학교 교사 2명이 잇따라 세상을 등진 게 뒤늦게 더 드러나며 교사들의 분노는 더욱 커졌다.

학생 생활지도 과정에서 학부모 민원에 시달리다 목숨을 잃은 한 초등학교 교사가 생전 학부모 민원을 직접 감당해야 하는 어려움과 고통을 호소해도 보호해주지 않는 학교 관리자 등과 관련해 남긴 기록이 공개되기도 했다. 이런 사실들은 빙산의 일각으로 알려졌다.

한 초등학교 교사를 상담한 사례이다.

상담을 신청한 교사는 교육대학을 졸업하고 임용고시를 준비하는 동안, 한 초등학교 기간제 교사로 근무했다. 다른 교사의 휴직 기간 동안 6개월 계약직으로 근무한 것이다. 상담신청서에 누구에게도 이야기할 수 없는 자신의 상황을 털어놓고, 교사라는 직업이 자신에게 맞는지 확인하고 조언을 듣고 싶다고 했다. 상담자는 지금의 자신은 벼랑 끝에 서 있는 사람 같다고 했다.

다음은 상담에서 P씨가 호소한 내용이다.

"나는 2학년 담임교사로 처음 부임한 학교에서 기간제 교사로
서는 감당할 수 없는 업무와 지도가 어려운 학생들이 많은 반을
맡게 되었다. 하루하루가 스트레스의 연속인 상황이었다. 기간
제 교사로 불평등한 대우를 받는 것 같아 억울하기도 했지만, 적
응해야 하는 것이 임무인 것 같아 받아들이고 있었다.

이번에 상담을 신청하게 된 계기가 된 사건이 있다. 어느 날
휴식시간에 빨리 처리해야 할 업무가 있어서 집중하고 있는 동
안, 학생 3명이 서로 다투다가 한 학생의 얼굴에 상처가 났다.
그날 그 상황을 직접 보지 못했기에 학생들을 불러 자초지종을
물었다. 얼굴에 상처가 난 학생이 먼저 상대를 밀어 넘어뜨렸다
고 했다. 학생들에게 서로 사과하게 하고, 상처 난 얼굴을 치료
해 주고, 학생의 어머니에게 전화로 상황을 설명하고 교사로서
미안한 마음을 전했다.

다음날 얼굴에 상처가 난 학생의 어머니가 전화를 해서, '도대
체 교사로서 자질이 있는 거냐?' '우리 아이가 선생님의 추궁에
상처를 받아 밤에 잠을 한잠도 자지 못했다' '선생님은 아동학대
를 한 거다'라며 문자를 계속 보내기 시작했다. 문자 폭탄이었다.

그 와중에 다른 어머니의 전화 항의도 받았다. '왜 가만히 있던 우리 애를 가해자로 모느냐?' '상대 아이가 발달장애가 있는 아이인데, 왜 우리 아이를 똑같이 취급하느냐?' 등등.

너무 놀라고 당황스러웠지만, 어머니들의 마음을 진정시키는 문자를 계속 보내고 사과를 했다. 혼자 감당하기 힘들어서 선배 교사에게 의논했더니 선배 교사가 전하는 말이 "그 정도는 아무 것도 아니다. 학교 교장이나 교감에게 직접 전화해서 문제 삼는 경우도 많다. 아직 학교 관리자까지 안 갔다면 혼자 감당해야 한다. 학교 관리자가 알았다 해도 선생님을 먼저 보호해주지 않는 경우가 많다. 민원이 들어가면 오히려 고가점수가 낮아지는 이유가 될 수 있다며 이것이 우리 교사들의 현실이다. 내가 그 학부형을 아니가 이야기를 잘 해 보겠다."라고 했다. 일단, 선배 교사의 중재로 일단락되었지만, 그 학부형이 학교에 민원을 넣을까봐 계속 조마조마하다.

그 후로 마음의 병이 크게 생겼다. 학부형의 문자나 전화 목소리를 들으면 가슴이 두근거리고 어지러울 때가 있다. 자꾸 자책을 하게 되고, 현실이 두렵다. 학생들에게 생활 지도를 할 때 멈칫거리게 되고, 어린 학생들이 무섭기까지 하다. 학생들이 나를 어떻게 생각할까, 걱정되기도 한다. 그러나 내색을 못하고 밝은 얼굴로 학생과 학부모를 대하려고 노력한다. 교사가 되면서 가졌던 자긍심은 어디로 가고 굴욕감과 불안에 떠는 내가 너무 싫다. 신경정신과 진료를 받을까 생각 중이지만, 아직 선뜻 가지 못하고 있다.

학생들을 가르치고 교안을 짜는 일은 참 재미있고 보람을 느끼지만, 이런 교사 생활을 계속할 수 있을지 걱정이 앞선다. 올해 11월에 임용고시도 치러야 하는데, 의욕이 생기지 않는다. 그래도 이렇게 상담자에게 털어놓고 나니 마음이 한결 가라앉는다."

P씨는 고등학교 때 진로 적성 검사에서 교사가 가장 알맞게 나왔고, 스스로도 아동을 좋아해서 교육대학에 입학하게 되었다고 했다. 대학에서 공부한 내용도 재미있었고, 자신은 교사가 참 잘 맞는 사람이라 생각했는데, 지금 회의가 든다고 했다.

상담자는 상담 과정에서 P씨에게 교사가 적성에 안 맞는 것이기보다는 현실적으로 학교 제도에 문제가 있음을 전했다. 누가 보아도 학부모의 과도한 항의이었으므로 교사인 P씨가 개인적

"교사도 아프면 아프다고 말할 수 있어야 합니다." [초등학교 교사]

으로 사과를 할 일이 아니었고, 학교 관리자에게 보고해서 교권
보호위원회를 통해 P씨가 한 일은 교사의 정당한 생활 지도이고,
아동학대가 아니었음을 적극적으로 전달하고 중재했으면 좋았
을 텐데, 현실적으로 그러지 못함에 대한 안타까움에 공감했다.

　P씨는 상담을 통해 스스로 자책에서 벗어나고 싶고, 학생들에
게 교사로서 자신이 가지고 있는 마음을 명료하게 전달하고, 학
생들의 마음을 잘 읽는 대화법을 알고 싶다고 했다. 상담은 P씨
가 원하는 대로 비폭력 대화를 바탕에 두었으며, 자기 공감, 타
인이해, 자존감 증진 등으로 진행되었다. 상담 진행 과정 중에
아주 무기력한 상태가 올 때가 있었는데, 그때는 신경정신과 치
료를 권해서 상담과 병행하였다.

　상담을 마무리하며 P씨가 남긴 말이다.

　"교사 생활을 하면서 내가 그동안 감정노동을 하고 있었음을
알게 되었다. 상담을 통해 자신의 감정과 필요한 것을 있는 그대
로 표현하는 대화법을 연습하여 예전과 조금 다르게 생활을 할
수 있게 되었다. 상담을 하면서 주위를 돌아보니 그동안 사랑스

러운 학생들과 따뜻한 말을 건네는 학부형도 많음을 알게 되었다. 그런 분들께는 감사함을 전하려고 한다. 앞으로 바라는 것은 교사의 권익 보호를 위한 법이 제도화되었으면 좋겠다. 지금은 교권을 위한 법이 제도화되지 않아 다시 벼랑 끝에 서게 될까봐 두렵다."

최근 드러난 학교현장의 교권 침해문제는 실로 심각한 수준이다. 현재 교사들은 정당한 교육 활동을 보호하기 위한 가장 기본이 되는 '교권보호 4법'이 통과되기를 원하고 있다. 교원지위법, 초·중등교육법, 유아교육법, 교육기본법 개정안이다.

교원지위법 개정안은 교원이 아동학대로 신고 됐더라도 정당한 사유가 없는 한 직위해제 처분을 금지하며, 교장은 교육 활동 침해행위를 축소·은폐할 수 없다는 내용이다.

초·중등교육법 개정안은 교원의 정당한 생활 지도는 아동학대로 보지 않는다는 것이다. 학생 보호자가 교직원이나 학생의 인권을 침해하는 행위를 금지하고, 학교 민원은 교장이 책임진다는 내용도 포함됐다.

유아교육법 개정안은 교원의 유아생활 지도권을 신설하고, 정당한 생활 지도는 아동학대로 보지 않는다는 것이 핵심이다.

　교육기본법 개정안은 부모 등 보호자가 학교의 정당한 교육활동에 협조하고 존중해야 한다는 점을 규정했다.

　'교권보호 4법' 개정안이 국회에서 통과되어 조속히 시행되기 바란다. 교사들의 교권이 회복되어 학교에서 안전하고 평화롭게 교원 활동을 할 수 있는 날이 오기를 고대한다.

"저도 돌봄을 받고
싶어요."

보육교사

"저도 돌봄을 받고 싶어요."

보육교사의 감정노동 스토리

"열악한 근무환경 속에서도 버티며
아이들을 자신의 아이만큼이나 사랑하고
현장을 지켜왔던 수많은 보육노동자가
공익제보와 함께 사라지고 있습니다."
"보육교사의 몸은 종합병원입니다 :
위염, 팔, 손목 , 어깨통증, 방광염"
"정서적인 스트레스를 완화시켜줄 수 있는
상담 프로그램이나 멘토링 프로그램이 필요합니다."

하루 종일 아이들을 돌보는 보육교사는 아이들과 같은 공간에서 생활해야 하는 특성이 있다. 보육교사는 근무 환경의 특성상 점심식사도 편하게 하지 못하고, 분리된 공간에서 편안한 휴식을 취하지 못하기 때문에 온종일 긴장을 늦출 수 없는 상황이다.

코로나 19가 장기화되면서 교직원들이 챙길 일이 더 많아지고, 매일 긴장하면서 조심스럽게 하루하루를 보육하고 있다. 감염에 취약한 어린아이들이기에 보호자들의 감시와 요구사항은 더 많아지고 사소한 일들이 오해로 이어지는 등 스트레스가 가중되고 있다.

교직원뿐만 아니라 시설 운영자도 감정노동을 하고 있다. 원아의 감소로 힘들게 운영해야 하는 실정이므로 많은 감정노동에 시달리고 있다.

시설 운영자와 교직원 모두 관공서에서 요구하여 새로 도입된 시스템과 빡빡한 업무에 대해서도 많은 스트레스와 갈등을 겪고 있다. 업무 전반에 대한 부담감과 새로 바뀌고 추가되는 시스템으로 인한 스트레스 호소 등 몸의 긴장과 경직되는 증상 등 감정노동에 시달리고 있음을 호소한다.

아이들이 놀이 활동을 하는 과정에서 다치는 사고가 발생하면 CCTV 확인 요청이 들어오고, 그때부터 교직원 모두는 긴장 상태가 된다. 공개해야 하는 부담감도 있지만 정신적인 보상을 요구하기도 하니 초긴장 상태이다. 보육 교직원 모두는 항상 긴장상태에서 근무하게 되므로 감정노동을 늘 하고 있음을 알 수 있다.

[사례 1] 어린이집 프로그램을 진행하는 중간에 부모님이 원아를 하원 시키겠다며 연락도 없이 불쑥 방문할 경우 다른 아이들이 방치되는 문제가 발생합니다. 교사가 하원 물품을 빠뜨리고 미처 챙기지 못하면 학부모는 바로 불만을 표출하며 표정이 변합니다.

어린이집 신학기 OT 때에 지침을 알고 있음에도 불구하고 그런 일들로 서로가 불편한 관계가 될 수도 있고, 무엇보다도 다른 아이들에게 피해가 된다는 생각에 불편함을 호소합니다.

[사례 2] 귀가시간에 아이들을 미리 준비시켜 하원할 준비를 하고 있었는데, 아버님이 귀가시키면서 왜 옷을 일찍 입혀 놓았

느냐며 화를 내면서 "씨~~"라고 욕을 했습니다. 괜히 미안한 마음이 들고, 순간 많이 당황했고, 무시당하는 듯 한 기분까지 들었습니다.

[사례 3] 아이들이 가정에서 반려동물과 함께 있는 경우가 있습니다. 부모들은 아이들이 안전하다고 생각하는데, 가끔은 옷에 동물의 털이 묻어있고 상처가 나서 오는 경우도 있습니다. 조심스럽게 반려동물의 위험성에 대해 말씀드리면, 집에서 반려동물을 아이랑 분리해 놓는다고 하며 정색을 하고 그런 상처들은 어린이집에서 생긴 상처라고 오히려 반격합니다.

몇 번을 그런 일이 있고 난 이후 정말 반려동물로 인해 큰 상처가 생기게 되면 그 상황을 인정하고 조심하게 되었는데, 그때부터 아침마다 아이를 구석구석 살피는 등 감정노동 스트레스가 심했습니다.

[사례 4] 나이 50대 후반에 들어 어린이집에 재취업을 했는데, 또다시 원아 감소로 담당 반이 없어져 실직하게 되었습니다. 이렇게 황당한 일이 반복되어 취업에 대한 불안으로 우울합니다.

코로나 19 사태와 출산율 저하 등으로 원아 입소율이 떨어지니 어쩔 수 없이 반을 줄이고, 교직원의 권고사직이 발생하는 실정입니다. 취업도 쉽지 않은 현실이라, 보육교사를 계속할 수 있을까 하는 걱정에서 비약되는 불편한 감정을 호소합니다.

내담자와 상담자가 진단 결과지를 토대로 상담 피드백을 하고 스트레스 위험이 높을 경우, 스트레스 진단지를 이용해 다시 한 번 내담자의 스트레스 정도를 체크한다.

– 긴장과 스트레스 이완법으로 심호흡과 가벼운 스트레칭을 한다.
– 쉽게 접할 수 있는 음식 재료를 이용해 푸드 테라피를 하고, 이를 통해 내면의 나를 바라보는 활동을 한다.
– 긍정 에너지가 담긴 생각을 떠올리고 그 기분을 그대로 유지하면서 커피 난화를 그려본다.

최근에 즐거웠던 기억이나 앞으로 좋은 계획이 있는지, 긍정적인 것이 떠오르면 그 기분을 푸드 작품으로 표현하고 사진을 찍어서 상담자와 공유한다. 내담자는 작품을 소개하고, 어떤 것을 표현하고 싶었는지 이야기를 나누고 푸드 표현을 하면서 내면의 자신의 감정을 잘 만나고 찾았는지 드러나는 감정에 대해 이야기한다.

내담자의 피드백을 들으면서 또 다시 발견하지 못했던 것이 있는지 성찰해 본다. 혹시 푸드 작품을 보면서 마음에 들지 않은 부분이 있다면 변형을 하고 흡족한 부분에 대해서는 긍정의 에너지를 넣고 변형하게 된 것에 대해 이야기를 나누고, 변경 후의 느낌과 자기의 감정을 존중하면서 스토리텔링으로 기록한다.

내 안에 숨어있는 분노들을 해소할 수 있는 방법을 함께 찾아보고, 타인을 바라보고 이해할 수 있는 마음 근육 키우기 작품 변형을 한다. 변형된 푸드 테라피 작품을 통해서 자신이 달라진 것이 무엇이 있었는지 찾아보고 부정 감정과 긍정 감정 중 어느 것에 더 많이 자신이 지배를 받는지 1~10의 숫자로 척도를 알아본다. 긍정 감정 정서 척도를 높이려면 어떤 방법을 할 것인지를 스스로 찾아본다.

보육교사 상담을 하면서 느낀 점은 보육교사도 감정노동을 많이 하고 있다는 것이다. 보육교사 뿐만 아니라, 시설장과도 상담을 해보니 보육시설 운영자도 많은 감정노동을 하고 있다는 것을 알게 되었다. 보육 교사는 일지 작성 등의 행정업무도 점점 늘어나고 있어 주말까지도 시설장과 소통하며 일을 해야 하니, 쉬는 시간도 제대로 보장 받지 못할 때가 많다.

요즘 코로나19와 여러 가지 이유로 어린이집 운영에도 많은 피해가 있다 보니 돌봄에 종사하는 보육 교직원 모두가 감정노동자들이다.

모두가 알게 모르게 감정노동 피해자이면서 가해자가 될 수도 있다는 것을 알게 되었다. 여러 감정노동자 사례를 통해 누군가가 당할 수도 있는 상황에서 슬기롭게 타인에 대한 배려의 실천으로 나를 사랑하고 타인도 사랑하고 이해할 때 감정노동에서 모두가 자유로울 수 있을 것이라고 생각한다.

"저도 돌봄을 받고 싶어요." [보육교사]

"사회복지사 = 자원봉사자
NO! NO!."

사회복지사

"사회복지사=자원봉사자 NO! NO!"

사회복지사의 감정노동 스토리

"낮은 급여와 보상 없는 시간외근무, 교대근무."

"우리는 자원봉사자가 아니에요!"

사회복지사의 사전적 의미는 '사회 복지에 관한 전문 지식과 기술을 가진 사람'이다. 또한 사회복지사에게는 다른 사람의 욕구와 행동에 적절히 대응할 수 있는 문제해결 능력과 협상·설득할 수 있는 능력, 인간존중, 사회정의에 대한 사명의식, 봉사정신 등이 필요하다고 한다.

내향적이지만 이성적인 내담자 G씨는 원칙에서 어긋난 행태를 보이는 시설장과 갈등이 깊었다. 가정폭력을 당한 청소년들이 입소하여 생활하는 쉼터에서 근무하고 있는 내담자는 업무 특성상 24시간 교대로 근무하는 경우가 많다고 한다. 그 시간 안에는 휴식시간도 포함이 되어 있어, 밤 11시부터는 업무를 중단하고 쉬어야 하는 시간이라고 한다. 그런데 시설장이 그 시간까지 퇴근하지 않고 남아 업무를 지시하거나 회의를 진행하는 등 운영규칙에 어긋나는 행동으로 사회복지사들을 힘들게 한다고 했다.

그리고 한 달에 한번 아동보호 전문기관 상담사와 시청의 학대전담 공무원, 그리고 쉼터 보육사(사회복지사는 근무기관에 따라 보육사, 생활지도원 등의 이름으로 불리기도 한다.)가 모여 사례

회의를 진행하게 된다.

이를 통해 입소아동의 현재 상황과 앞으로 지원 가능한 방향 등을 논의하는데, 보육사 자격으로 당연히 참석해야 할 이 자리도 시설장의 불허로 한 번도 참석해 본 적이 없다고 한다.(시설장 본인이 참석했다고 함) 그럴 때는 내가 사회복지 전문가로 활동하고 있는 것이 맞는가 하는 자괴감과 무력감이 든다고 했다.

가정폭력 등으로 입소한 아동들의 케어도 사실 만만치 않은 업무이지만, 그것은 본인이 당연히 해야 하는 직무이기 때문에 힘들어도 감당할 수 있다고 한다. 하지만 시설장의 절대권력 아래 행해지는 불합리한 업무 분장 등에서 겪는 감정노동은 더 이상 버티기가 힘들다고 했다.

내담자 G씨와 상담을 진행하며 노동현장에서의 어려움에 대해 공감을 하고 이야기를 나누면서 나는 그가 몇 년간 쌓인 감정의 바다에서 허우적거리는 모습에 상담사이기 이전에 한 인간으로써 짠한 마음이 들었다.

상담자는 내담자 G씨의 노동현장에서의 어려움을 나누고, 그 당시 느꼈던 감정에 대해 이야기를 해 보았다. 그때 느낀 내담자의 감정은 무엇이고, 내담자에게 무엇이 필요했기 때문에 그러한 감정이 생겼는지 알아보는 과정으로 첫 상담을 진행했다.

그저 힘들고 서럽다는 마음으로 자신의 감정 따위는 살피지 못했다는 내담자는, 그때의 자신을 회상하며 답답하고 억울한 마음을 표현하지 못하고 있는 자신을 보게 되었다. 상대에게 할 말은 많지만 할 수 없었다고 했다. 그 이유는 답답하거나 억울해도 상대의 반응을 미리 예측해 자신의 표현을 미리 차단해 버리기 때문이라고 했다.

안타까운 마음이었다. 그래서 관찰, 느낌, 욕구, 요청으로 구성된 의사소통방법을 소개하고, 순서에 따라 의사소통연습을 해보았다.

회를 거듭할수록 자연스럽게 관찰, 느낌, 요청, 욕구를 사용하여 의사소통을 할 수 있게 되었다. 그 결과 내담자는 스트레스 상황에서 자신의 감정과 욕구를 이해하고 그것을 자연스러운 의사소통 방법으로 표현할 수 있게 되는 것만으로도 감정노동 상황에 대처할 수 있는 힘이 생긴 것 같다고 이야기 해 주었다.

내담자 G씨와는 3회라는 짧은 만남이었지만, 지속적인 심리치유사업을 통해 언제든 감정노동자와 상담사가 만날 수 있는 환경이 된다면 이들의 지친 마음이 안정되고 회복되는 것에 도움이 될 것이라는 생각이 든다.

상담을 진행해 보니 사회복지사로서 전문지식과 사명의식, 그리고 봉사정신을 가지고 일을 시작하지만 막상 그들이 처한 현실은, 전문지식을 발휘할 기회도, 전문지식을 바탕으로 성장할 기회도 주어지지 않는 경우가 많으며, 사명의식과 봉사정신만으로 버티기에는 제도적 뒷받침 없이는 한계가 있다는 것을 알게 되었다.

사회복지체계가 잘 갖추어져 있는 나라에서는 사회복지사가 국민 복지사업의 허브 역할을 담당하고 있다고 한다. 대한민국도 선진국 대열에 합류한 만큼 열심히 공부해서 자격을 갖춘 사회복지사들의 전문적 역할에 대해 다시 한 번 고심해야 한다.

더불어 그들의 몸과 마음이 쉬어 갈 수 있는 시간과 공간, 그리고 이번 사업과 같은 상담의 기회가 많이 늘어나 몸과 마음을 재충전할 기회를 갖고 전문인으로서 그들의 역량을 마음껏 펼치며 일할 수 있는 분위기를 만들어가야 한다.

"개인감정과 상담감정을
분리하고 싶어요."
감정노동상담사

"개인감정과 상담감정을 분리하고 싶어요."

감정노동상담사의 감정노동 스토리

"감정을 만나는 감정노동상담사입니다."

"그 감정이 원하는 것이 무엇인지 알기 때문에

더 안타깝고 아픕니다."

"우리, 치유와 회복의 축제를 만들어요."

상담활동을 직업으로 하는 직군에는, 젠더 폭력 상담사, 여성 폭력보호시설 상담사, 아동보호전문기관 상담사, 감정노동 상담사, 생명존중 상담사 기타 심리상담사 등 대체로 사회복지 관련 시설에서 활동하는 이들이 대부분이다.

그러나 그간의 연구에서는 감정노동자를 크게 4가지로 분류함으로써 상담사는 그 분류에서 소외되기 쉽다. 이에 사)사람과 평화는 상담사를 또 하나의 직군, 제5직종으로 추가, 분류하기로 하였다.

내담자는 상담사들에게 직접 대놓고 막말을 하거나 함부로 대하지는 않는다. 나름 전문인이라고 생각하며 자신에게 필요한 조언을 해줄 사람이라고 여기기 때문이다. 실제로 그렇기도 하다.

그러나 직접적인 갑질 피해가 거의 없음에도 불구하고, 이들이 겪는 감정노동의 강도는 깊다. 내담자와의 대화에서 스스로 책임져야 하는 일이 많기 때문이다.

상담 과정에 겪는 감정노동의 규모는 매우 크다. 내담자들이 털어 놓는 내용들을 듣고 있다 보면 상담사 스스로 감정적인 스트레스가 쌓일 뿐만 아니라 가끔은 내담자와 함께 울분이 일어나거나 마음속에서 자신도 모르는 사이에 무의식적으로 분노가 치밀기도 한다. 문제를 일으킨 내담자의 상대 곧 폭력행위자 등이 미워지기 때문이다.

그 감정들은 때론 눈물로 표현되기도 한다. 그 뿐인가. 사회구조적인 문제로 인하여 발생하는 인권침해나, 부당한 사회적 분위기로 인하여 정의감이 치솟기도 한다.

그럴 경우 상담사들은 대단한 크기의 분노조절, 곧 역설적으로 감정노동을 한다. 내담자 앞에서 주관화된 감정을 표출하면 안 되기 때문에 더욱 그렇다.

상담사들은 내담자가 털어 놓는 이야기에 대해 객관적인 입장을 고수해야 하는 어려움이 있다. 감정에 휘둘려 내담자와의 관계에서 형평성을 잃어버리거나 내담자들에게 해야 할 방향설정을 잘못하면 절대 안 되기 때문이다.

상담사들에게는 이런 지점들이 상담사들로 하여금 극심한 감정노동을 경험하게 하는 지점이다. 감정노동이란 자신의 실제 감정과는 무관하게 다른 감정을 표현하도록 요구되는 노동이기 때문이다.

125

간혹 사람들이 성폭력 상담을 20여년 가까이 지원하고 상담해 온 상담사에게 묻는다. "같은 일, 그것도 단순히 듣고만 있어도 마음이 상하게 되는 그 어려운 상담을 그리 오랜 시간 지속할 수 있었던 비결과 요령(?)이 무엇인가요?" 그 궁금증은 아래 세 가지 정도로 요약해 설명할 수 있다.

첫째, 자신의 '사적인 감정'과 '업무상의 감정'을 분리할 수 있어야 한다.

상담사도 개인의 삶이 있는 자연인이다. 그에게도 사적인 생활 속에서 누구에게나 있을 수 있는 여러 가지 생활감정들이 존재하고 있다. 그러나 상담사는 내담자의 부정적 심리상태의 현장에 함께 있음으로써 조성되는 여러 부정적인 감정 등을 구분하고 분리할 수 있어야 한다.

상담활동을 하면서 이입된 불편한 감정들을 개인의 생활 가운데로 그대로 가지고 가면 안 된다. 그런 상황이 반복되다 보면 상담사 스스로도 심리적 건강이 망가질 뿐만 아니라 주위의 생활 속 인간관계에도 부정적인 영향을 미치기 때문이다.

이는 상담활동 초기에는 잘 실천되지 않으나 꾸준한 노력을 통하여 극복될 수 있다, 결코 쉽지는 않다. 그러나 의식적으로 훈련하고 반복 또 반복함으로써 가능한 감정노동의 극복 방식이다.

둘째, 상담사들을 힘들게 하는 감정노동의 지점에는 내담자에 대한 비밀유지 등의 의무가 있음에도 잘 지켜지지 않는 부분이다. 대부분은 지켜지고 있기는 하나, 간혹 상담 초기 활동의 경우에는 이 의무를 허물고 싶을 때가 생기기도 한다. 특히 사안이 조금 특별한 경우, 또는 상담사 자신이 이를 감내하기 어려운 경우에는 더욱 그러하다.

이런 경우는 슈퍼비전을 활용하는 것도 필요하다. 신경정신과 전문의들도 여러 가지 방법으로 슈퍼비전의 역할을 대신 하는 '씻김'의 기회를 갖기도 한다. 상담사들끼리 서로 서로 슈퍼비전의 역할을 해주는 것도 필요하다.

슈퍼비전supervision이란 사회복지학 용어로 '구체적인 케이스에 관해 사회사업가가 원조내용을 보고하고, 슈퍼바이저는 설명된 자료를 토대로 클라이언트나 가족의 상황을 이해하고 면접 등 원조방법에 관해 조언을 주거나 음미하도록 하는 교육훈련 방법'을 말한다. 의사 등 타 전문가와 주위의 조언을 얻을 경우는 자문consultation이라고 한다.

셋째, 운동의 성과, 제도화 되어가는 과정에 동료들과 함께 하는 것이 소진을 예방하는 지름길이다.

127

사회복지 시설 관련 상담사들의 처우는 충분치 않고, 업무환경도 대체로 쾌적하지 않다. 그럼에도 불구하고 상담활동은 나름 보람과 성취를 느끼게 한다. 그것은 변화되어 가는 내담자의 상황을 보면서 느끼는 긍정적인 감정에 덧붙여 법이 만들어지고 제도가 구축되어 가는 것이 이 활동을 오래 유지하기 위한 중요 활력이기 때문이다.

결론적으로, 상담사들은 자신을 보호하기 위한 노력을 스스로 행하지 않으면 그 일을 자신의 직무로 지속하기가 쉽지 않다. 더욱이 전문가로서 오랜 기간 버티기는 결코 쉽지 않은 영역이다.

상담사라는 제5직군을 자신의 업무영역으로 선택하였다면 그 업무에 집중하는 노력이 필요하다. 상담사의 감정노동 극복, 이것은 다른 사람이 대신해 줄 수 없는, 스스로 갖춰야 할 자신만의 깊은 감정노동 영역인 것이다.

"목소리를 낼 수 있는
보호체계가 절실히 필요해요."

골프장 캐디

"목소리를 낼 수 있는
보호체계가 절실히 필요해요."

골프장 캐디의 감정노동 스토리

"당번제가 있어 무보수로 경기과의 업무를 봅니다."

"골프장은 성희롱, 성추행의 사각지대입니다."

"하루 일당을 받기 위해 '나'는 없습니다."

"팀이 많을 땐 밥 먹을 시간도 없이
투 라운드 12시간 근무합니다."

골프장의 캐디는 고객의 골프백을 카트에 싣고 서로 다른 고객의 골프채를 외워 용도에 맞는 골프채를 건네준다. 어느 방향으로 공을 보내야 하는지 코스의 특징을 설명한다. 공이 떨어진 위치에서 홀과 남은 거리에 대하여 알려주고 골프채를 바꿔준다. 그린에서 공을 닦아 놓는다. 고객의 스코어를 적는다. 코스 내 경기 흐름이 원활하도록 앞 팀과 뒤 팀에게 무전으로 경기진행을 알린다. 고객의 식사를 미리 주문해 놓는다. 모래주머니를 가지고 다니며 경기로 인해 손상된 잔디 위에 붓고 다진다. 골프채의 이물질을 털어주고, 경기 전·후에 골프채의 개수를 확인하여 기록한다. (네이버 지식백과, '골프장 캐디' 참조)

골프장 캐디는 특수고용직이다. 근로계약이 아니라 위임계약 또는 도급계약에 의거하여 노무를 제공하고 실적에 따라 수당을 받아 생활하는 개인사업자 형태로 이루어진다. 즉, 근로자가 사용자의 지휘와 감독 아래에서 종속적으로 노동을 제공하는 것과 다르게 이들은 자신이 계산하여 독립적이고 자율적으로 노동을 제공한다. (네이버 지식백과, '특수고용직' 참조)

그러나 이러한 원론적 설명과는 달리 골프장의 캐디는 고객들의 경기보조 업무를 하지만, 대부분 종속적인 부분의 일이다. 노No캐디 골프장 이외에는 캐디가 없으면 팀을 받지 못한다. 그러나 골프장 경기과의 업무를 하루 봉사라는 당번제를 두어 무보수로 하게 하는 것을 관행으로 해오고 있다.

고객은 골프장이 정해놓은 캐디피를 부담하고, 캐디는 골프장이 정해놓은 캐디피를 받는다. 이렇게 경기과의 지침에 따라 지휘감독 관리를 받는 등 여러 가지로 종속되는 부분이 있음에도 캐디피를 고객에게서 직접 받는다는 것으로 근로기준법 상의 근로자가 아닌 노조법의 근로자로 인정된다.

캐디도 노동조합에 가입할 수 있는 가능성은 있으나, 골프장마다 제각기 다른 업무형태를 보이고 있기 때문에 캐디의 노동조합 가입은 손에 꼽힐 정도이다. 이러하다 보니 회사의 불공정한 사안에 대해서도 대체로 개인 차원의 시정요구를 하고 있고, 그 과정 중 또 한 번의 근무정지 등의 징계를 받는다.

캐디는 처우가 좋지 않고, 복지혜택이 적어 이직률이 높은 직업 중 하나이다. 내담자 Y씨는 골프장 캐디이다. 경력 캐디이지만 다른 골프장으로 이직을 하게 되면 이전의 골프장과는 코스가 전혀 다르기 때문에 그 골프장의 신입 캐디가 된다.

Y씨가 근무하는 골프장은 회원제 골프장으로 아마추어 대회를 많이 열어 골프를 잘 치는 고객들을 자주 만난다. 이직한지 얼마 되지 않아 새로운 환경에 적응하는 노력을 하고 있다. 출근하여 팀을 배치 받기 전 대기실에서 동료들과 잘 지내는 친화력 있는 내담자이다. 회사의 분위기는 선후배 체계가 확실해서 주말, 여름휴가는 선배들이 먼저 날짜를 택할 수 있었고, 신입들은 선택권이 적다고 한다.

　어느 날 아마추어 대회가 열리기 전에 미리 라운딩 하는 팀이 배정되어 고객에게 거리를 알려드리는데 무척이나 신경을 쓰고 진행했다고 한다. 공이 그린에 올라가지 않으면 캐디 탓을 하는 고객에게 다가가 기분을 맞춰주려고 더 애썼다고 한다.

　그러던 중 뒤 팀의 실수로 공이 고객들의 바로 뒤에 떨어졌다. 다친 사람은 없었으나 골프 에티켓을 지키지 않아 고객들은 기분이 좋지 못한 상황이었다. 중간에 들른 그늘집에서도 직원분의 실수가 연발이어서 굉장히 불편해 했다고 한다.

　그래서 매 홀마다 골프장에 대한 불평을 계속 이야기하게 되었는데, 캐디에게 모든 상황에 대해 기분 나쁘다며 사과를 받고 싶다고 하였다. 아직도 진행해야 하는 홀은 많이 남아있어서 내담자의 실수가 아니었음에도 "본의 아니게 여러 가지 상황으로 불편하게 라운딩 하시게 된 것에 대신 제가 사과드립니다"라고 고개를 숙였다고 한다.

그날의 긴장, 자기 잘못이 아님에도 할 수밖에 없었던 사과로 눈물이 사무쳐 근무를 마치고 돌아오는 차 안에서 엉엉 울었다고 한다. 그래도 '이곳에 신입이라서 그런 거야. 잘 할 수 있어' 하는 마음으로 열심히 일을 했다고 한다.

그렇게 마음을 다잡고 있던 중에 골프장 회원을 배정받아 근무를 나갔다가 "손 좀 잡아보자", "애인 있어?"라고 하며 골프 채를 꺼내는 척 팔꿈치로 내담자의 가슴을 건드렸고, 또 카트 운전을 하고 있는 내담자의 허벅지에 손이 올라오는 등 성추행이 잇달아 일어나 어렵게 불편하다는 표현을 하기도 한다.

내기에서 지기라도 하면 캐디에게 짜증을 부리는 분도 있기도 하지만, 힘들어도 회원의 기분을 거슬리지 않게 진행하려고 최선을 다한다. 근무를 마치고 경기과에 회원님의 추행에 대해 이야기를 하면 당번 업무를 해야 하는 '벌당'을 받기도 한다.

이러한 일들로 내담자 Y씨는 울분에 차 있었고, 무기력한 상황에서 상담을 진행하게 되었다. 처음 만났을 때부터 가슴이 답답하고, 전혀 의욕이 생기지 않는다고 하였다.

마음을 편안하게 하기 위해 이완호흡을 진행하였고, 가장 안전하고 편안한 장소를 머릿속에 그려보고, 상상을 해보라고 하였다. 이윽고 편안함을 느꼈는지 내담자는 이야기를 하나 둘 꺼내기 시작했다. 그 내용들은 위의 언급한 상황들이었다.

이러한 이야기를 듣고 있자니 근무처가 내담자를 지지해 주는 환경이 아니란 것에 너무나 마음이 아팠다. 내담자의 실수와 잘못이 아님에도 계속적으로 사과의 말을 해야 했고, 내담자의 편이 되어주지 않는 회사의 처사에 내담자가 많이 억울하고 답답한 마음을 공감해 주었다.

그 공감이 내담자에게 전해졌는지 답답함이 풀리는 것 같다고 했다. 현재의 감정을 나누어보고 공감하며 무엇이 제일 필요한지에 대해 이야기 해나갔다. 상담자와의 소통으로 마음이 조금 가벼워진 상태에서 상담 진행은 자기이해, 타인이해, 관계개선, 미래 인생설계, 성인지감수성 향상으로 이어갔다.(이 책 149쪽 '개인상담 매뉴얼' 참조)

미래 인생설계 프로그램을 진행할 땐 상담 초기 내담자가 가장 필요하다고 호소한 자신감이 회복되어, 어두어보이기만 한 앞날에 대해 무언가 벅차오르는 희망이 보인다고 했다. 그리고 성인지감수성에 대해 알고 나니 본인이 근무하는 곳이 성차별에 취약한 곳임을 알게 되었다고 했고, 그러한 공부를 더 해보고 싶다고 했다.

상담을 받고 작은 것부터 해보니 자신감이 조금씩 올라오는 것 같다고 했다. 그리고 엇갈린 관계가 풀릴 수 없다고 생각했던 조장과도 진솔하게 이야기를 나누어 보니 관계가 전보다 많이 나아졌다고 했다.

특수형태 근로자들은 그 동안 '산재보험 적용제외 신청제도' 라는 것 때문에 산재사고가 발생했어도 산재 혜택을 보지 못하는 경우가 많았다. 다행히 2021년 7월 1일부터 골프장 캐디에게도 산재보험이 전면 적용되어 근무 중 사고가 나면 산재보험으로 처리가 가능하다.

하지만 고용보험에서는 유예된 상태이다. 골프장 측은 지출하는 돈이 많아지는 것에 대해 부정석으로 평가하고 있고, 캐디 입장에서도 그 동안 세금을 내지 않았는데 앞으로는 세금을 내야 하는 상황에 대해 혼란스러워 하는 입장이다.

납세를 통해서만 의무와 권리를 행사할 수 있다는 측면에 대한

"목소리를 낼 수 있는 보호체계가 절실히 필요해요." [골프장 캐디]

설명이 부족하다고 본다. 지금도 노조법으로는 근로자로 인정이 되어 있지만, 사실상 결성된 노동조합은 거의 없다. 더구나 개인 소유 골프장에서 노조 결성은 사실상 엄두도 내고 있지 못하는 상황이다.

노조를 결성하려면 차별, 근무정지, 해고위협에 대한 두려움이 항상 따라다닌다. 그렇지만 항상 고용불안을 겪고 있는 캐디들이 연대하여 열악한 처우를 개선하고, 더 많은 권리를 보장받을 수 있도록 노력한다면, 누구나 할 수 있지만 아무나 하지 못하는 캐디 직종을 전문직으로 위상을 높일 수 있을 것이다.

이렇게 되려면 캐디라는 직종이 법과 제도 안으로 들어와야 한다. 골프장 또한 성희롱, 성추행으로부터의 보호는 기본이고, 캐디의 영역을 존중해주고 상생할 수 있는 시스템을 마련해야 할 때이다.

"고용주이지만,
저도 감정노동자입니다."

유치원 원장

"고용주이지만, 저도 감정노동자입니다."

유치원 원장의 감정노동 스토리

" With 코로나로 긴급 서비스가 필요해요. "

" 저도 그만둘 때가 된 것 같아요. "

" 코로나보다 더 무서운 것은

아이와의 전쟁이랍니다. "

영·유아를 대상으로 하는 돌봄 서비스 기관은 유치원과 어린이집이라 할 수 있다. 그리고 설립 주체에 따라 유치원은 국·공립과 사립으로, 어린이집은 국·공립과 민간으로 분류한다.

코로나 19로 인해 보육 서비스는 현재 긴급 돌봄의 형태로 전환하여 편성되어 있다. 긴급 돌봄으로 전환하고 있는 경기도 소재 사립유치원을 운영하는 A원장과 국·공립어린이집을 운영하는 B원장을 만났다.

A원장은 유아교육을 전공한 후 교사로 3년을 일한 후 결혼과 육아로 유아교육 현장을 떠났다가, 30대에 '놀이방'(현 어린이집의 전신)을 만들어 운영하다가 2003년 사립유치원을 다시 개소한 후 지금까지 운영하고 있다.

그는 현재 유치원 원장으로서 행정관리, 재정관리, 유아관리, 교직원관리, 학부모 관리, 평가·기록관리, 대외관리의 모든 업무를 책임지고 있다. 원장은 사업주이자 고용주임에는 틀림이 없지만, 영·유아 교육기관에서의 원장의 직위는 필요하면 상시 대기하는 인력으로 있을 수밖에 없다고 한다. 늘 무언가 사건이 발생하기 때문이다.

예를 들면, 특별보호 유아를 돌보는 일, 조리사가 결근하면 간식과 점심을 준비하는 일, 차량 도움이 필요하면 등·하원 지도하는 일, 유아가 다치면 치료가 끝날 때까지 기관과 보호자와 소통하는 일, 민원이 발생하면 대응하는 일, 코로나 19의 철저한 감염예방을 위해 공문처리와 소독을 하는 일 등등이다.

코로나 19 위기상황처럼, 문제가 발생하더라도 완벽하게 수행해야 한다는 '압박감'으로 하루하루를 살아내고 있다고 말했다.

게다가 최근에는 갑자기 그만 둔 교사의 빈자리를 대체하기에 이르렀다. 교사의 공백은 일의 공백보다 관계갈등에서 오는 심리적인 상실감이 더 크다고 말했다. A원장은 계속 하소연을 했다.

"저도 그만 둘 때가 된 것 같아요."
"너무 고달프고 힘겨워 쓰러지기 일보직전이이예요."
"교사들 못지않게 저도 번 아웃burnout 상태입니다."

B원장 또한 유아교육을 전공한 후 2005년 국공립 어린이집의 원장으로 위탁기관을 운영하고 있지만, 그는 "자격 가진 원장일 뿐이다."라고 했다.

요즘 가장 어려운 점은 만 2세 미만의 영아들에게 원격수업을 진행할 수 있도록 다양한 프로그램을 만들어 내는 일이라고 했다. 이런 저런 아이디어를 모아 영·유아의 보호와 교육 방법으로 '간식꾸러미 만들어 보내기'와 '놀이키트 만들어 문고리에 걸어두기' 등 비대면 원격수업을 준비하지만, 그 아이디어를 구체화하는데 따른 스트레스로 두통에 시달린다고 했다.

긴급 돌봄인 상황에서 보호자들에게 회자되는 말이 있다. '코로나보다 더 무서운 것은 아이와의 전쟁'이란다. 방역지침을 철저히 준수하고 있는 국·공립 보육기관은 양날의 칼과 같은 원아모집의 불확실성과 원아가 줄어들면 바로 이어지는 재정부담까지 짊어질지 모른다는 불안감이 밀려온다고 했다. 이른바 먹고사는 문제에 봉착한다고 했다. B원장은 급기야 건강이상 증세로 병원에 입원까지 하게 되었다.

상담과정을 거치면서 A원장과 B원장은 각기 운영형태는 다르지만 원장의 책무가 너무 과중하다는 점과 원장은 아프지도 못한다며 20여년의 현장을 접어야 할지 말아야 할지를 고민하는, '자기들도 감정노동자'라는 것이다.

과정은 고되었지만, 감정노동으로 지친 심리 치유상담의 효과와 변화는 눈에 띄게 나타났다. 상담을 진행하되 개별적으로 자기 공감, 공감적 경청, 자존감 증진, 성인지감수성 등을 주제로 한 인터뷰 형식을 적용했다.

A원장은 미리 걱정하는 자기를 돌아보면서, 그 자리를 누가 강요한 적도 없는 스스로 선택한 결정권자라고 말했다. 『관찰을 관찰하다』에 실린 「김 교사의 이야기」에서 "비가 오는 산책길, 물 고인 웅덩이, 아이들의 물 튕기기, 나의 시선은 오로지 청결과 안전, 그래서 아이들의 발만 보인다. 그러나 그것을 인식한 순간, 아이의 놀이가 그리고 아이의 움직임이 보인다. 아이는 물을 튕기고 있지만 다른 친구에게 튀지 않도록 조절하고 있었다"는 구절처럼 A원장은 더불어 살아가고 있는 자기공감시간을 가졌다.

B원장은 "내가 할 수 있는 일을 스스로 생각하기 위해 새로운 환경적 언어를 배워야 할 것 같다"며, 함민복 시인의 시구 "늘

145

강아지를 만지고 손을 씻었다 / 이제 손을 씻고 강아지를 만져야
겠다”를 들어 반성적 사고를 확장했다.

그는 자신의 업무능력이 떨어져서 발생하는 부족함을 ‘친절’과
‘예절’이라는 명분으로 타인에게 강요했다며, 자신의 관점만을
고집하고 타인의 입장을 고려하지 않은 부분이 있었다고 했다.

행복한 유치원을 만들어가는 동력인 보육인이 돌봄 현장을 떠
나고 있거나, 떠나고 싶다는 것은 지속가능해야 할 영·유아 돌
봄 서비스의 질적 향상에도 나쁜 영향을 끼칠 것이다. 문제가 발
생하면 무조건 그게 아님을 증명해 내야 할 행정업무에 시달리
는 ‘자격 가진 원장’의 안전한 권리보장이 필요하다.

보육인이 행복할수록 영·유아도 행복할 것이고, 영·유아가
행복하면 온 세상이 행복해진다. 한 아이가 태어난다고 하여 그
아이의 삶이 저절로 따라오지 않는다.

코로나19 사태가 끝났어도 우리 사회가 존재하는 한 그 미래
인 영·유아의 돌봄 서비스는 지속되어야 하니, ‘직무 스트레스’
와 ‘번 아웃burnout’을 호소하는 영·유아 교육기관의 시설장에
게도 심리지원이 필요하다.

참고자료

1_ 감정노동자 심리치유 상담매뉴얼

2_ 산업안전보건공단 직군별 분류표

3_ 감정노동 관련 언론 보도

감정노동자 심리치유 상담매뉴얼

감정노동자 집단상담 매뉴얼

주제별 집단상담 프로그램의 구성		
회기	주제	핵심내용
1	자기 개방	• 나는 누구인가를 통한 정체성 인식 • 자신의 생각, 느낌, 행동, 능력 등의 특징 알아차림
2	자기 이해	• 현재 경험하고 있는 감정노동 현실에 대한 왜곡 없는 수용 • 자신의 재발견, 자아실현
3	타인 이해	• 나와 다른 독창적인 존재 수용 • 공감의 폭 넓힘으로 타인 존중
4	관계 개선	• 의사소통 중요성 인식 • 경청태도 향상으로 효능감 증진
5	비전 찾기	• 가치관과 정체감 형성으로 감정노동자로서의 자존감 증진 • 새로운 나, 새로운 삶에 대한 동기 부여

감정노동자 심리치유 상담매뉴얼

감정노동자 개인상담 매뉴얼

주제별 개인상담 프로그램 구성		
회기	주제	핵심내용
1	자기 이해	• 자기를 공감함으로써 자존감 증진 • 자신의 감정노동 상황을 인식
2	관계 개선	• 공감을 받을 수 있는 표현능력과 공감적 경청 능력 • 타인과 진정한 유대관계
3	스트레스 관리	• 몸과 다스리기 • 타인과의 소통
4	미래 설계	• 가치관을 점검함으로써 감정노동자로서의 자존감 회복 • 자신의 인생 목표 설정
5	성인지 감수성 향 상	• 평등 감수성 점검을 통해 인권 및 평등의 의미를 인식 • 성역할 고정관념과 성차별의 연속성을 이해

• 이 매뉴얼은 '사람과평화'에서 개발한 매뉴얼 〈돌봄과 변화〉의 한 부분입니다

직군별 분류표

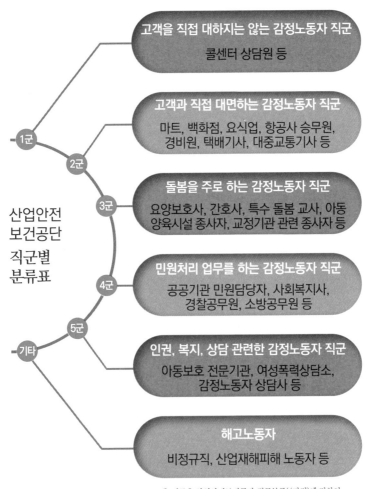

고객을 직접 대하지는 않는 감정노동자 직군

콜센터 상담원 등

고객과 직접 대면하는 감정노동자 직군

마트, 백화점, 요식업, 항공사 승무원,
경비원, 택배기사, 대중교통기사 등

돌봄을 주로 하는 감정노동자 직군

요양보호사, 간호사, 특수 돌봄 교사, 아동
양육시설 종사자, 교정기관 관련 종사자 등

민원처리 업무를 하는 감정노동자 직군

공공기관 민원담당자, 사회복지사,
경찰공무원, 소방공무원 등

인권, 복지, 상담 관련한 감정노동자 직군

아동보호 전문기관, 여성폭력상담소,
감정노동자 상담사 등

해고노동자

비정규직, 산업재해피해 노동자 등

산업안전
보건공단
직군별
분류표

1군 2군 3군 4군 5군 기타

▪ 제5직군은 산업안전보건공단 직군분류(4가지)에 더하여
'사람과평화'에서 추가한 직군임.

감정노동 관련 언론 보도

1. 오늘부터 경비원 갑질 금지 YTN
   https://www.ytn.co.kr/_ln/0102_202110210616449023
2. 소방노조 "충남소방본부장이 갑질신고 묵살" …
   연합뉴스 https://www.yna.co.kr/view/AKR20211019136700063?input=1195m
3. 피해자 두번 울리는 교육부 '갑질신고센터'… 3년간 직권조사 '9건'
   http://news.heraldcorp.com/view.php?ud=20211021000233
4. 코이카 해외사무소에서 "소장이 왕"… 비정규직 상대 갑질 '심각'
   https://www.hankyung.com/politics/article/202110201636i
5. "직장 내 갑질 안돼" … 대전 서구, 괴롭힘 예방교육 진행
   https://www.newspim.com/news/view/20211019000669
6. 갑질 고객에 되살아난 '무서운 아빠'의 기억
   https://www.hani.co.kr/arti/society/society_general/1010447.html
7. '머니투데이' 성추행 피해자, 산재 인정 …
   https://www.hani.co.kr/arti/society/women/1014086.html
8. 콜센터 상담사가 '아 그러셨군요' 반복할 수밖에 없는 이유는
   한겨레 http://naver.me/5U1Qrcga

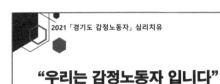

2021 「경기도 감정노동자」 심리치유

"우리는 감정노동자 입니다"

주   최 : 경기도
주   관 : (사)사람과평화

감정노동이란?

자신의 실제 감정과
다른 업무상 특정 감정을
표현하도록 요구되는 노동

감정노동자 피해사례

"내가 쓰레기통인가 생각했어요"...벗어나고픈 감정노동의 굴레

감정노동자 피해사례

감정노동자 보호 관련 주요 법

산업안전보건법 제41조

(고객의 폭언 등으로 인한 건강장해 예방조치 등)

국가
(의무)

사업주
(의무)

개인
(권리)